HEBREOS
Vivir por fe

John M. Oakes y Roberto Carrillo

HEBREOS: Vivir por fe

ISBN: 978-1-958723-24-1.

A menos que se indique lo contrario, todas las referencias bíblicas son de la Santa Biblia, Nueva Versión Internacional, copyright ©1973, 1978, 1984, 2011 de Biblica, Inc. Usado con permiso. Todos los derechos reservados en todo el mundo.

Diseño de portada por Roy Apalsamy. Diseño interior por Toney Mulhollan.

Un agradecimiento especial a Amy Morgan por sus contribuciones editoriales.

Los títulos de Illumination Publishers se pueden comprar por mayor para instrucción en las aulas, negocios, recaudación de fondos o uso promocional de ventas. Para obtener más información, envíe un correo electrónico a paul.ipibooks@me.com.

Illumination Publishers se preocupa profundamente por el uso de recursos renovables y utiliza papel reciclado siempre que sea posible.

Sobre los autores: John Oakes trabajó como profesor de Química y Física durante más de treinta años. En junio de 2018 se retiró de la enseñanza y actualmente dirige una iglesia en Bakersfield, California. John se hizo cristiano en 1978 cuando era estudiante de posgrado en la Universidad de Colorado. Obtuvo su doctorado en Física Química allí en 1984 y ese mismo año se casó con Jan. Tienen tres hijos, Ben, Elizabeth y Kathryn. John se desempeña como presidente de la Sociedad de Investigación Apologética. Ha enseñado sobre temas cristianos en más de 80 países y para 180 iglesias. Algunos de sus otros libros incluyen: *Daniel: Profeta para las naciones, Razones para creer, De la sombra a la realidad, Is There a God?* (¿hay un Dios?) y *Field Manual for Christian Apologetics* (manual de campo para la apologética cristiana). Para obtener más información sobre el trabajo de John, visita www.EvidenceForChristianity.org.

Roberto Carrillo obtuvo una maestría en Divinidad en 2012 en la Universidad de Pepperdine. Fue director ejecutivo de HOPE*worldwide* entre los años 2015 a 2019, donde utilizó su amplio entrenamiento bíblico, experiencia en formación de equipos y liderazgo espiritual en obras de beneficencia. Ha dirigido iglesias en México, Florida, Jamaica, Puerto Rico, Nueva Jersey, Nueva York y San Diego, California. Él y su esposa, Michele, han estado casados desde 1989 y han sido bendecidos con tres hijos maravillosos. Roberto y Michele viven en Los Ángeles y trabajan para una iglesia de esta ciudad.

THEATRON PRESS

Una marca de Illumination Publishers
www.ipibooks.com

Contenido

Agradecimientos

Un agradecimiento especial a mi esposa Michele, quien es mi compañera en el evangelio, confidente, colíder y alma gemela.

Gracias, John Oakes, por impulsarme a empezar a escribir. Gracias, Sam Laing, por inculcarme la pasión por la palabra.

—Roberto Carillo

Gracias a mi buen amigo Roberto Carrillo, quien es un mentor para mí en la enseñanza y predicación del evangelio. Gracias también a mi increíble esposa, Jan, al seguirme y apoyarme en mis muchas aventuras.

—John M. Oakes

Introducción

El libro de Hebreos es verdaderamente uno de los grandes regalos de Dios para la iglesia. Su bella composición lo hace distinto de cualquiera de las cartas o los Evangelios del Nuevo Testamento. En realidad, no es una carta ni un evangelio. Si se lee en voz alta, como lo pretendía originalmente el autor, fluye mucho más como un sermón que como una carta a oyentes concretos o un relato histórico como los Evangelios y Hechos. Combina algunos de los escritos más elocuentes del Nuevo Testamento con declaraciones teológicas y cristológicas de gran profundidad.

Para nosotros dos (John y Roberto), es nuestro libro favorito de la Biblia, simplemente porque ha hecho más que cualquier otro para convertirnos en las personas que somos hoy. Hay dos cualidades que hacen que Hebreos se destaque para nosotros. Primero está la presentación que hace de Jesucristo. Hebreos revela de manera impresionante la humanidad de Jesús, mientras que, al mismo tiempo, brinda argumentos poderosos sobre su grandeza y deidad. Ningún otro libro bíblico ilustra una imagen tan clara de Jesús como hombre con debilidad humana y que, a la vez, es nuestro Dios poderoso. En el libro de Hebreos, vemos a Jesús como el gran sumo sacerdote a través del cual obtenemos acceso ilimitado a Dios. Hebreos presenta la visión más exaltada de nuestro Salvador que se encuentra en las Escrituras. Y como dijo Jesús: "Pero yo, cuando sea levantado de la tierra, atraeré a todos a mí mismo" (Juan 12:32); él que también "ha sido tentado en todo de la misma manera que nosotros" (Hebreos 4:15). Levantar a Jesús es lo que hace el libro de Hebreos.

La otra razón por la que amamos este libro con mucha pasión es que, de todos los libros del Nuevo Testamento, este es el que logra conectar el Nuevo y el Antiguo Testamento con mayor éxito. No hay rival cercano que pueda ocupar un segundo lugar en este sentido. Es de Hebreos que aprendemos a interpretar los elementos del tabernáculo, las leyes, los sacrificios, el sacerdocio, los pactos, las fiestas; de hecho, nos permite comprender casi todo lo que encontramos en la Biblia hebrea como tipos, prefiguras y presagios de lo que tenemos en Cristo. En Romanos aprendemos que el pacto mosaico fue un padre adoptivo para los judíos, amonestándolos y recordándoles cuán completamente inadecuados eran para tener una relación con Dios al basarse en su propia justicia. En Hebreos vemos cuán maravilloso padre adoptivo y cuán magnífico maestro fue el Antiguo Testamento.

Otra forma de pensar en Hebreos es como el quinto evangelio. Los Evangelios son Mateo, Marcos, Lucas, Juan y Hebreos. Por supuesto, Hebreos no incluye un relato detallado del ministerio de Jesús, y no incluye un relato de la muerte, sepultura y resurrección de nuestro Señor, por lo que no es un evangelio clásico en ese sentido. Pero en otro sentido, un evangelio es una imagen revelada de Jesús. Cada uno de los cuatro evangelios clásicos nos da una imagen única del Cristo. Hebreos nos da un quinto. Mateo revela a Jesús como el que cumple las profecías del Antiguo Testamento, y quien satisface y completa la ley de Moisés. Marcos revela a Jesús como aquel que anunció poderosamente la venida del reino de Dios. Lucas lo revela como el que trae la salvación incluso en esta vida, especialmente para los pobres, los marginados, las mujeres y los gentiles. Juan revela a Jesús como el Hijo de Dios a través de sus milagros y de las declaraciones "YO SOY" que hizo sobre sí mismo. Por supuesto, Jesús es todas estas cosas, y, sin embargo, Hebreos nos da una revelación más de él. En Hebreos, Jesús es el gran sumo sacerdote de Dios para todo su pueblo. Es únicamente en Hebreos que lo vemos como tal. De todas las cualidades de Jesús que se destacan en el libro, es su papel como sumo sacerdote de un nuevo pacto lo que el escritor de Hebreos coloca en primer plano.

Aunque Hebreos nos da una imagen de la majestad incomparable de Jesús y une el Antiguo y el Nuevo Testamento más que cualquier otro libro, ninguno de estos fue el motivo por el que fue escrito en primer lugar. El escritor nos proclama el propósito del libro de Hebreos: fue dado como una palabra de *paraklesis,* "exhortación" (Hebreos 13:22), una palabra que también se traduce como "aliento". El libro fue escrito para exhortarnos o animarnos, y ciertamente está a la altura de esta declaración, con sus cinco advertencias y cinco estímulos, que serán comentados en este libro. Hebreos es un llamado rotundo a los creyentes a fortalecer su fe enfocándose en Jesús, el gran hombre, profeta, Mesías y Dios.

Por tanto, renueven las fuerzas de sus manos cansadas y de sus rodillas debilitadas. «Hagan sendas derechas para sus pies» [...]

Busquen la paz con todos, y la santidad, sin la cual nadie verá al Señor. Asegúrense de que nadie deje de alcanzar la gracia de Dios; de que ninguna raíz amarga brote [...] y de que nadie sea inmoral ni profano. (Hebreos 12:12-16)

Si prestamos atención al llamado que hace el escritor de Hebreos de fijar nuestros ojos en Jesús, el iniciador y perfeccionador de nuestra fe (12:2), y si aceptamos de todo corazón las exhortaciones que se encuentran en este maravilloso libro, no hay duda alguna de que cumpliremos el objetivo propuesto: entrar en el eterno descanso del sábado que Dios ha preparado para su pueblo.

Estamos a punto de embarcarnos en un viaje del que saldremos como personas cambiadas. No podemos profundizar en Hebreos sin ser transformados por este libro tan asombroso. El poder de nuestra transformación es simple: proviene de la persona de Jesucristo. Entonces, ¿cómo nos presenta el escritor a nuestro Redentor y Creador Jesús? ¿Y cómo convierte esta imagen en una palabra de aliento a través de la cual, si la aceptamos, podemos estar seguros de nuestra salvación? Antes de ahondar en esto y recibir la exhortación que Dios tiene para nosotros de una vida fiel, consideremos el contexto, el tema, la audiencia y el estilo particular del libro de Hebreos.

Tema y propósito

El escritor de Hebreos tiene un solo propósito en mente, uno del cual él (o ella; pero para simplificar no usaremos pronombres masculinos ni femeninos) no se desvía en lo más mínimo a lo largo del libro. Su propósito es fortalecer a los cristianos que se están debilitando en su fe, para que lleguen al cielo. Aunque la tecnología no se había inventado en ese momento, diríamos que el escritor de Hebreos se centró con láser en este propósito. Una lectura minuciosa del libro mostrará inmediatamente lo que el autor está tratando de lograr, a través de declaraciones como estas: "Así que no pierdan la confianza, porque esta será grandemente recompensada" (Hebreos 10:35). "Deseamos, sin embargo, que cada uno de ustedes siga mostrando ese mismo empeño hasta la realización final y completa de su esperanza. No sean perezosos; más bien, imiten a quienes por su fe y paciencia heredan las promesas" (Hebreos 6:11-12). "Cuidémonos, por tanto, no sea que, aunque la promesa de entrar en su reposo sigue vigente, alguno de ustedes parezca quedarse atrás" (Hebreos 4:1). "Asegúrense de que nadie deje de alcanzar la gracia de Dios; de que ninguna raíz amarga brote y cause dificultades y corrompa a muchos" (Hebreos 12:15).

El propósito de Hebreos: Fortalecer a los cristianos que se están debilitando en su fe, de modo que puedan llegar al cielo.

No debería sorprendernos en absoluto saber que el tema de Hebreos encaja perfectamente con su propósito. Hay cosas que debemos hacer para estar seguros de nuestra salvación, para llegar a la tierra prometida. Hebreos nos exhorta, de varias maneras, a llevarlas a cabo. Esperemos que, al leer el libro, aceptes las exhortaciones y hagas esas cosas que te mantendrán en el camino que dirige al cielo. Sin embargo, hacerlas no es la clave fundamental para llegar a la tierra prometida de Dios. ¿Cuál es la única convicción que tiene el escritor de Hebreos que ayudará a sus oyentes a llegar al cielo? Muy simple: debemos fijar nuestros ojos en Jesús, el iniciador y perfeccionador de nuestra fe. El tema de Hebreos es la grandeza de Cristo como nuestro sumo sacerdote y autor de nuestra salvación. El núcleo del argumento expuesto en Hebreos es una presentación de la preeminencia de Jesús. El resumen de Hebreos es básicamente este: el escritor nos da una serie de razones por las que Jesús es superior a determinadas cosas que los judíos tenían en el antiguo pacto; por lo tanto, nos exhorta a perseverar en nuestra fe de maneras determinadas para que seamos ciertamente salvos. El escritor de Hebreos regresa una y otra vez a Jesús y su superioridad, y lo usa para motivarnos a aceptar sus exhortaciones.

El tema de Hebreos: La grandeza de Cristo como nuestro sumo sacerdote y autor de nuestra salvación.

Varios libros de la Biblia contienen una palabra clave o frase crucial para comprender lo que se dice. En el caso de Hebreos, esta palabra griega clave es *kreitton,* que puede traducirse como "superior a", "mejor que" o "mayor que". La palabra aparece doce veces en el libro y es esencial para toda la argumentación. Jesús es mayor que ... El autor de Hebreos argumenta, de todas las formas imaginables, la superioridad de Jesús sobre las cosas que se encuentran en el judaísmo. Analiza algunas de las formas en que este presenta a Jesús como superior a lo que se encuentra en el antiguo pacto:

1. Jesús es mayor que los profetas (1:1-3).

2. Jesús es mayor que los ángeles (1:4-1:14, 2:5-9).

3. Jesús es mayor que Moisés (3:1-6).

4. Jesús es mayor que Josué (4:8).

5. Jesús es mayor que el sumo sacerdote (4:14-5:10).

6. Jesús es mayor que Abraham (6:13-18, 7:4-5).

7. El sacerdocio de Jesús es mayor que el de Aarón (6:20-7:28).

8. El pacto de Jesús es mayor que el pacto de Moisés (8:1-13).

9. Jesús habita en un tabernáculo mayor y celestial (9:1-11).

10. Jesús ofrece un sacrificio mayor (9:12-10:18).

A través de Jesús, tenemos bendiciones superiores (7:7), una esperanza superior (7:19), posesiones superiores (10:34), una patria superior (11:16), una resurrección superior (11:35), promesas superiores (11:39-40) y acceso a una sangre superior (12:24). La conclusión es la siguiente: el cristianismo es superior a cualquier otra religión. Es digno de nuestro sufrimiento duradero y nuestra devoción de por vida. Este es el tema de Hebreos, y es el que nos permitirá acoger las exhortaciones que allí encontremos y ponerlas en nuestra vida, y así lograr la meta de nuestra fe: la salvación de nuestras almas.

Audiencia

Al estudiar el libro de Hebreos, será esencial estar al tanto de la audiencia que el escritor tiene en mente. Esto determina una y otra vez lo que dice y cómo lo dice. Si nos olvidamos de la audiencia, no entenderemos cómo el escritor elige sus ejemplos y, a menudo, perderemos de vista el punto que está tratando de demostrar. Entonces, ¿quién es la audiencia más importante de Hebreos? Por supuesto, Hebreos está escrito para cristianos en general, pero la audiencia que el escritor parece tener en mente son los judíos cristianos que fueron tentados a renunciar al cristianismo. Algunos corren peligro de volver atrás y perder su salvación. El contexto y los ejemplos que usa el autor nos insinúan que estos discípulos judíos están considerando volver a integrarse a la comunidad judía a la que antes pertenecían antes de convertirse al cristianismo.

Las numerosas referencias del Antiguo Testamento que se encuentran en el libro señalan claramente que se trata de una audiencia familiarizada con las Escrituras hebreas y la historia del pueblo judío. Hebreos cita el Antiguo Testamento más veces (sesenta y uno, para ser exactos) que cualquier otro escrito del Nuevo Testamento fuera de Mateo. Las escrituras citadas son principalmente de la Septuaginta, el Antiguo Testamento griego, posiblemente apuntando a una comunidad judía helenística de habla griega fuera de Palestina.

Estos cristianos llevan tiempo en la iglesia (Hebreos 5:12). Han hecho grandes cosas motivados por su fe y ahora están tentados a mirar atrás.

Están espiritual y emocionalmente cansados. A pesar de todo lo que han logrado y de las grandes victorias de las que han sido testigos, se les viene a la mente la pregunta: *¿Esto vale la pena?* Quizás la audiencia de Hebreos eres tú. Quizás puedas identificarte con estos seguidores de Jesús maduros pero agotados. En lugar de hacer más y más por Cristo, estás haciendo cada vez menos. Estás perseverando espiritualmente, pero la pura verdad es que no estás creciendo. Estás tentado a mirar atrás y tu fe no es tan fuerte como al principio. Si este es tu caso, entonces decide ahora mismo que dejarás que Hebreos te lleve a poner tu mirada fijamente en Jesús y que pondrás en práctica las exhortaciones del libro.

Podemos tener una idea de la audiencia en Hebreos 10:32-34. El escritor se dirige directamente a su audiencia con la siguiente advertencia:

> *Recuerden aquellos días pasados cuando ustedes, después de haber sido iluminados, sostuvieron una dura lucha y soportaron mucho sufrimiento. Unas veces se vieron expuestos públicamente al insulto y a la persecución; otras veces se solidarizaron con los que eran tratados de igual manera. También se compadecieron de los encarcelados y, cuando a ustedes les confiscaron sus bienes, lo aceptaron con alegría, conscientes de que tenían un patrimonio mejor y más permanente.*

Estos no eran discípulos débiles. Se habían mantenido firmes y habían soportado la persecución por defender el nombre de Cristo. Pero observa que el escritor dice: "Lo aceptaron con alegría, conscientes de que tenían ...". Esta frase "conscientes de que tenían" está en tiempo pasado. A la luz de las preocupaciones de este mundo, estos judíos cristianos han perdido de vista el "patrimonio mejor y más permanente" que tienen en Cristo. Se están enfocando en las cosas externas de la religión y están perdiendo de vista la razón por la que abandonaron el judaísmo en primer lugar. ¿Cuál fue esa razón? ¿Por qué abandonaron el consuelo de la ley de Moisés? El escritor de Hebreos se los recuerda una y otra vez: fue Jesucristo.

Se nos da más evidencia de la audiencia de Hebreos. Por un lado, el autor aborda la historia judía con gran respeto y reverencia. Por otro lado, hace la declaración más clara que pueda haber al condenar a quienes dan marcha atrás y regresan al antiguo pacto, porque es "obsoleto" (Hebreos 8:13) e involucra "obras que conducen a la muerte" (Hebreos 9:14).

El entendimiento judío de que Dios es santo y no puede ser acercado por los seres humanos es prominente en Hebreos. El libro está escrito desde un punto de vista de profundo respeto por Dios. Se recuerda a los oyentes que Dios dijo: "Nadie puede verme y seguir con vida" (Éxodo 33:20). Solo el sumo sacerdote y solo en el Día de la Expiación y solo por unos breves momentos se le permitía estar en presencia del Santo. La probabilidad de que la audiencia del libro sea judía también es importante para comprender el significado que el autor le da al papel de sumo sacerdote, algo que a los cristianos no judíos no les preocuparía demasiado.

Otro indicio de la audiencia de Hebreos se encuentra en las referencias a la adoración. Intenta explicar el misterio de por qué el autor menciona el tabernáculo ocho veces, pero no se refiere al templo ni una sola vez. Un converso gentil conocería bien el templo en Jerusalén, pero es posible que ni siquiera haya oído hablar del tabernáculo que fue trasladado por el desierto. El tabernáculo había dejado de existir más de mil años cuando se escribió Hebreos. Una y otra vez veremos que el escritor de Hebreos explica cosas que los cristianos ya saben, pero lo hace a través de la lente del Antiguo Testamento. Está claro que el autor tenía un dominio magistral de la Biblia hebrea y la teología judía.

¿Por qué enfocarse en una audiencia cristiana judía? ¿Por qué ellos, en particular, se sintieron tentados a regresar a la religión que habían dejado? El cristianismo fue visto inicialmente como una secta del judaísmo, que era una religión políticamente aceptada en el Imperio romano. En la primera generación de la iglesia, los seguidores tenían una frágil red de seguridad dentro del judaísmo. Sin embargo, en la segunda mitad del siglo I, los gobernantes romanos comenzaban a darse cuenta de que los cristianos no eran lo mismo que los judíos. De hecho, en los años 60, la mayoría de los cristianos eran gentiles que se habían convertido. Nunca habían sido judíos. Con el paso del tiempo, los cristianos fueron diferenciados de los judíos y perseguidos como parte de una religión nueva e inaceptable. Esta transición era lo que estaba sucediendo en el momento en que se escribió Hebreos. En menos de una generación después de la redacción de este libro, el cristianismo fue declarado ilegal en todo el Imperio romano bajo el gobierno de Domiciano. Esto llevó a un dilema para los cristianos que sí provenían de origen judío. ¿Se iban a autoidentificar como judíos o como cristianos? Ser judío significaba relativa prosperidad y seguridad. Ser identificado como cristiano significaba ser condenado a ser repudiado, etiquetado como fanático e incluso, posiblemente, arrestado y asesinado. Hebreos emite una advertencia clara y contundente contra aquellos que fueron tentados a esconderse detrás de su judaísmo hasta el punto de que finalmente podrían negar a Jesús: "¿Cómo escaparemos nosotros si descuidamos una salvación tan grande?" (Hebreos 2:3).

Las advertencias en Hebreos en contra de ignorar esta gran salvación se aplican a nosotros hoy también, aunque los detalles son diferentes. No estamos tentados a escondernos detrás de "Este es el templo del Señor, el templo del Señor, el templo del Señor" (Jeremías 7:4), una frase que los judíos dirían cuando querían convencerse de que eran verdaderamente el pueblo de Dios, pero sí estamos profundamente tentados a mezclarnos con un tipo de cristianismo culturalmente aceptable. No queremos sentirnos extranjeros ni peregrinos (Hebreos 11:13). Estamos tentados a mirar hacia atrás, a la "patria" del cristianismo permisivo que una vez dejamos (Hebreos 11:15-16). Si has caído en adoptar una forma cómoda de cristianismo, prepárate para sentirte incómodo al leer este libro.

Otra sugerencia sobre la audiencia del libro se encuentra en Hebreos 13:24: "Los de Italia les mandan saludos". Desafortunadamente, esto no es tan útil como nos gustaría, porque podría significar que el escritor está con cristianos judíos en Italia, escribiendo a un grupo en otro lugar, o podría ser que el autor esté con un grupo de cristianos judíos expulsados de Roma bajo Claudio en el año 49 d. C., quienes ahora viven fuera de Italia. Entonces, o la audiencia son cristianos judíos que ahora han regresado a Italia bajo el mando de Nerón, después de la expulsión, o cristianos judíos helenizados que estaban entre los expulsados, pero que ahora viven fuera de Italia.

Una nota más sobre la audiencia: los comentaristas desde una perspectiva calvinista tienen dificultades para hablar sobre los destinatarios del libro. La razón es que el calvinista está convencido de una fuerte predestinación, una bajo la cual los humanos no tenemos la oportunidad de elegir si seremos salvos o no. Somos salvos por "la sola fe", y esa fe nos la otorga Dios. Por lo tanto, para la mayoría de los creyentes evangélicos, una vez que una persona es salva, no puede perder su salvación. A esto se le llama la doctrina de la perseverancia, conocida popularmente como "una vez salvo, siempre salvo". El problema es que veremos docenas de pasajes en Hebreos haciendo advertencias sobre perder nuestra salvación. Si la audiencia principal de Hebreos son los cristianos judíos que no pueden perder su salvación, entonces, ¿a quién están dirigidos estos pasajes?

Esto es lo que hacen los comentaristas calvinistas comprometidos: proponen una audiencia secundaria. Este supuesto grupo más pequeño pero significativo de destinatarios de Hebreos son judíos que han estado asistiendo a la iglesia durante muchos años, pero nunca se han bautizado. Por lo tanto, cuando el escritor de Hebreos dice algo como: "Es imposible que renueven su arrepentimiento aquellos que han sido una vez iluminados, que han saboreado el don celestial, que han tenido parte en el Espíritu

Santo y que han experimentado la buena palabra de Dios y los poderes del mundo venidero, y después de todo esto se han apartado", los comentaristas evangélicos convencionales proponen que la audiencia de estos comentarios consiste en hombres y mujeres que han estado cerca de la iglesia durante muchos años pero que aún no han sido salvos. Afirman que "han sido una vez iluminados" significa haber escuchado el evangelio, no haber sido salvo.

Esta teoría tiene muchos problemas. Primero, no hay evidencia interna en Hebreos para una audiencia secundaria de inconversos. En segundo lugar, las palabras del pasaje anterior describen de manera bastante obvia a personas salvas. Esta teoría de la audiencia secundaria es una hipótesis *ad hoc* (una creada, no a causa de la evidencia, sino para justificar la evidencia). Su calidad habla por sí sola. Discutiremos la doctrina de la predestinación y la perseverancia de los santos en nuestro tratamiento del texto.

Autor

Sabemos mucho sobre la audiencia de Hebreos; también sería útil conocer al autor. Desafortunadamente para nosotros, este no firmó su carta, o si lo hizo, no ha llegado a nosotros, por lo que no se sabe quién escribió Hebreos. Su autoría es un misterio que ha sido objeto de mucha especulación casi desde el momento en que se escribió el libro. Estos son los hechos tal como los tenemos: en la Edad Media, tanto la Iglesia Oriental como la Occidental consideraban a Hebreos como una de las obras de Pablo. A fines del siglo IV, Agustín afirmó que el libro fue escrito por Pablo. Ya en el siglo III, muchos lo consideraban parte de los escritos paulinos. Sin embargo, hay razones para pensar que Agustín hizo esta afirmación, no por evidencia, sino para otorgar mayor autoridad apostólica al libro. La autoría paulina también fue la tradición aceptada de los primeros reformadores. La edición 1602 de la Reina-Valera la califica de epístola paulina. Sin embargo, con el tiempo, la mayoría de los estudiosos han llegado a descartar la autoría paulina como muy poco probable. ¿Por qué es eso?

Hay dos líneas principales de razonamiento que llevan a la conclusión de que es muy poco probable que Pablo escribiera Hebreos. En primer lugar, está el hecho de que los primeros testigos no creyeron que Pablo lo escribió y, en segundo lugar, el estilo del libro apunta con más fuerza a que él no es el autor. En cuanto a los primeros testigos, tenemos a Tertuliano, quien a finales del siglo II sugirió que era de conocimiento común que Hebreos no fue escrito por Pablo. Propuso que quizás Bernabé escribió el libro, y señaló que sería más probable que Bernabé, no Pablo, escribiera en un griego tan elegante. La opinión más famosa de todas sobre la autoría es la de Orígenes. En la primera mitad del siglo III dijo, quizás con un poco de exasperación, que "solo Dios sabe" quién escribió Hebreos. Aunque aquí especularemos un poco sobre el autor, probablemente la opción más inteligente sea estar de acuerdo con Orígenes.

Como ya se señaló, hay evidencia del estilo de escritura de Hebreos. El lenguaje y el vocabulario del libro son marcadamente diferentes al utilizado por Pablo en sus cartas. El griego es más elegante, más culto y revela un vocabulario más profundo de este idioma del que muestra Pablo en sus cartas. De las 4.942 palabras del libro, el escritor usa 1.038 palabras diferentes, 169 de las cuales solo se encuentran en Hebreos. Eso por sí solo no es una prueba absoluta, ya que un autor experimentado puede alterar deliberadamente su estilo de escritura por razones temáticas. Además, se puede plantear que Pablo escribió el libro pero que fue notablemente editado por un colaborador con un estilo de griego más sofisticado. Pero hay más en esta cuestión del estilo de escritura. Quizás lo más significativo de la pregunta es el hecho de que el autor no afirma haber conocido a Jesús personalmente. El autor parece haber recibido de testigos oculares relatos de Jesús. Fue convertido por alguien que conocía de primera mano a Jesús: "Esta salvación fue anunciada primeramente por el Señor, y los que la oyeron nos la confirmaron" (Hebreos 2:3). Otro argumento que no favorece a Pablo como autor es que él nunca menciona a Jesús como sacerdote en ninguno de sus escritos conocidos; sin embargo, este es el tema principal de Hebreos.

Dejando a un lado a Pablo por un momento, ¿qué podemos saber sobre el autor de Hebreos? Podemos suponer fácilmente por las referencias del Antiguo Testamento que el escritor era judío y conocía bien el judaísmo. Cita la Septuaginta griega, no las Escrituras hebreas. Del mismo modo, podemos deducir de la fluidez en el griego que esta persona tenía una gran educación en un entorno de cultura helenística. También hay una serie de referencias náuticas que indicarían a alguien de una ciudad portuaria o que, como mínimo, tiene experiencia con el transporte marítimo. Los posibles candidatos que se han propuesto incluyen a Apolos, un nativo de Alejandría (una ciudad portuaria) y un judío de habla griega que era bien conocido por ser un orador elocuente. No es exagerado proponer que Apolos, el gran orador, sería también un gran escritor. Algunos, como Tertuliano, han sugerido a Bernabé, un nativo de la isla de Chipre que era judío y probablemente educado en griego. Como se señaló, el autor de la carta de Hebreos la llama una palabra de *paraklesis,* que se traduce como "aliento" (Hebreos 12:5) o "exhortación" (Hebreos 13:22). Quizás sea una coincidencia (o quizás no) que se supiera que Bernabé era llamado el "hijo de *paraklesis*". ¿Fue esto una pista del autor?

El candidato más intrigante sugerido, y el favorito personal de Roberto, es Priscila. También era una judía helenizada de habla griega. Proponer a una mujer como la autora quizás respondería la pregunta de por qué la identidad de la escritora quedó ensombrecida en el misterio casi desde el principio. El importante papel de liderazgo que tuvo Priscila en la iglesia primitiva queda ilustrado por el hecho de que cuando se menciona a ella y a su esposo, generalmente se nombra primero a Priscila. Esto no puede ser un accidente e implica que ella era la persona poderosa, la voz más fuerte y el líder más influyente de los dos. Todos conocemos grandes parejas cristianas espirituales para quienes este es el caso. Priscila fue sin duda una discípula fuerte, equivalente en el siglo I a una mujer que es parte del liderazgo de la iglesia. La evidencia contra Priscila como autor es que el autor se refiere a sí mismo con un pronombre masculino en Hebreos 11:32.

Un punto menor para tener en cuenta es que el autor puede haber estado en Italia cuando se escribió la carta: "Los de Italia les mandan sus saludos" (Hebreos 13:24). Por otro lado, también es posible que un grupo de Italia estuviera presente en la redacción de la carta y enviaran sus saludos a través del autor a una comunidad de discípulos en Italia. Vale la pena señalar que muchos judíos italianos, como Priscila y Aquila, se vieron obligados a abandonar Roma en el 49 d. C. (Hechos 18:2) por la persecución de Claudio.

De los autores potenciales, lo que conocemos de manera suficiente y que también se adapta mejor a los rasgos que podemos extraer del libro sugiere que probablemente haya sido Apolos. Si no es el autor, entonces su biografía es similar a la del escritor de Hebreos. No sería exagerado decir que el autor fue alguien *como* Apolos. Nuestra conclusión sobre el autor de este maravilloso libro es volver a la declaración de Orígenes: "Solo Dios lo sabe".

Para los lectores modernos, la especulación sobre el autor es interesante y quizás algo útil, pero la pregunta clave es la inspiración y la autoridad de este documento. La existencia de preguntas sobre quién escribió Hebreos no disminuye en lo más mínimo el papel del Espíritu Santo en la inspiración de la escritura. Son las personalidades de los autores las que dan un sabor único a cada uno de los diferentes escritos de la Biblia. Sin embargo, el carácter único de cada autor no niega que los libros canónicos de la Biblia estén inspirados por Dios. Aquí está la conclusión para nosotros: Hebreos está inspirado por Dios. Sabemos esto porque tenemos fe en Dios de que usó a los apóstoles y a los líderes de la iglesia primitiva para elegir aquellos libros que Dios quería que se incluyeran en el canon del Nuevo Testamento.

Una razón para creer que Hebreos es un texto inspirado y con autoridad es el resultado de nuestra fe que nos permite tener la convicción de que Dios supervisó la formación de su Biblia. Vayamos más allá de esto. Proponemos que, si uno eliminara la cuestión de la autoría de los veintinueve libros del Nuevo Testamento y simplemente los pusiera uno al lado del otro, comparando sus cualidades, entonces Hebreos se destacaría por sus propios méritos como el más obviamente inspirado de todos los libros del Nuevo Testamento, por su belleza, elegancia, discernimiento, profundidad, coherencia con el resto de la Biblia y por muchas otras razones. ¿Cómo podría alguien cuestionar la inspiración de este asombroso libro?

Porque la profecía no ha tenido su origen en la voluntad humana, sino que los profetas hablaron de parte de Dios, impulsados por el Espíritu Santo. (2 Pedro 1:21)

Fecha

La fecha de escritura de Hebreos tiene algún significado para nuestra comprensión del libro debido a lo que dice sobre el judaísmo y específicamente sobre el templo. Lo más probable es que el libro se compusiera entre el año 60 y el 70 d. C. Probablemente se compuso después del 60 d. C., porque su audiencia se compone de cristianos de segunda generación que han estado en la fe por lo menos veinte años y probablemente más. Es casi seguro que su escritura se completó antes del año 70 d. C., porque se desprende del libro que el templo de Jerusalén aún estaba en pie cuando se escribió. En el 69 d. C., las tropas romanas al mando de Vespasiano rodearon la ciudad, y en el 70 d. C., bajo el hijo de Vespasiano, Tito, se rompieron las murallas, se quemó la ciudad y se derribó el templo hasta los cimientos. Se ofrecieron sacrificios paganos en el sitio del templo. Todo esto había sido profetizado por Daniel (Daniel 9:26-27) y Jesús (Mateo 24:15-21). Podemos suponer que el escritor de Hebreos estaba al tanto de estas profecías de la destrucción de Jerusalén y la desaparición final del sistema de sacrificios judío.

Sabemos que el templo todavía estaba en pie cuando se escribió Hebreos, porque se describe en tiempo presente en el libro. En Hebreos 8:13 el autor nos dice con autoridad con respecto al antiguo pacto que es "obsoleto; y lo que se vuelve obsoleto y envejece ya está por desaparecer". Es una posibilidad intrigante que cuando se escribió Hebreos, la ciudad ya estuviera rodeada por los ejércitos romanos y el escritor estuviera hablando de eventos actuales.

Si estamos en lo cierto, entonces la fecha del libro es bastante importante para el mensaje. Dios le está diciendo a su pueblo que volver a depender del ritual judío para evitar el sufrimiento sería una idea especialmente mala si el mismo sistema de sacrificio del que estaban tan orgullosos estuviera a punto de colapsar, para no recuperarse nunca.

Vocabulario y estilo

Como ya se ha dicho, los eruditos consideran unánimemente que el idioma es el griego más elegante del Nuevo Testamento. Aunque escrito en un lenguaje hermoso, a menudo casi lírico, el libro fue escrito claramente en forma de sermón, y su autor pretendía que se leyera en voz alta frente a un grupo. Te sugerimos que, al estudiar Hebreos, de vez en cuando te detengas y leas las secciones en voz alta. Es posible que desees que los demás miembros de tu hogar sepan lo que estás haciendo para que no piensen que estás hablando solo. Leer en voz alta ayuda a dar vida al impacto de Hebreos.

El carácter oral de la escritura se manifiesta mediante la elección de verbos en el libro. Por ejemplo, "Dios no puso bajo el dominio de los ángeles el mundo venidero del que estamos hablando" (Hebreos 2:5). "Sobre este tema tenemos mucho que decir aunque es difícil explicarlo, porque a ustedes lo que les entra por un oído les sale por el otro" (Hebreos 5:11). "Aunque hablemos de esta manera, estamos persuadidos de las cosas que son mejores y que pertenecen a la salvación" (Hebreos 6:9 NBLA). "Ahora bien, el punto principal de lo que venimos diciendo es esto ..." (Hebreos 8:1). "¿Qué más voy a decir? No tengo tiempo para hablar de ..." (Hebreos 11:32). En todos estos ejemplos, el escritor usa un tono conversacional e incluso palabras que son propias de un discurso oral.

Hebreos no comienza con los saludos habituales y solo tiene algunos comentarios para ciertas personas en la parte final. Por tanto, no es una carta. Cuando se analiza el libro, se aprecia fácilmente la estructura de un sermón. Ningún otro libro de la Biblia está escrito de esta manera. Podemos ver el primer y segundo punto del escritor sobre la superioridad de Jesús, seguido de una exhortación, luego su tercera razón por la que Jesús es superior a un aspecto del judaísmo, seguido de su segunda exhortación, luego su cuarto y quinto ejemplos de la superioridad de Jesús, seguido de su tercera exhortación, y así sucesivamente. Tal como lo hace cualquier buen predicador, el escritor luego resume sus puntos en la segunda parte del capítulo 12 (vv. 18-29) y termina el sermón en el capítulo 13 con algunas exhortaciones finales y recordatorios a sus oyentes.

Cosas para buscar en Hebreos

Hay algunos patrones repetidos en el libro de Hebreos que será útil tener en mente al comenzar nuestro estudio del texto. El primero de ellos, y más obvio, se refiere a las cosas buenas de Jesús. Al enseñar este libro, tendemos a quedarnos sin superlativos y terminamos recurriendo a un diccionario de sinónimos. Jesús es único. Es increíble, glorioso, fantástico, maravilloso, superior y asombroso. En realidad, es asombroso en el sentido original de la palabra: nos deja asombrados. Y el pacto del que es autor es igualmente superior, más grandioso, más noble y muchas otras palabras realmente increíbles.

El segundo patrón se refiere a las exhortaciones y advertencias. A riesgo de adelantar el fin de la película antes de que comience, estas son algunas de las principales exhortaciones en Hebreos:

1. **Presta mucha atención** (2:1-4).
2. **Haz todo el esfuerzo posible** (3:7-4:11).
3. **Avanza hacia la madurez** (5:11-6:12).
4. **Acércate a Dios** (10:19-31).
5. **No vuelvas atrás** (10:32-39).
6. **Vive por fe** (11:1-40).
7. **Persevera mirando a Jesús** (12:1-29).

Un tercer patrón que se debe tener en cuenta en Hebreos es el uso que hace el escritor de tipos, prefiguras y presagios del Antiguo Testamento de las cosas que se encuentran en el Nuevo Testamento. Como Pablo (en Gálatas 4:21-31, por ejemplo), el escritor de Hebreos usa objetos, personas y eventos históricos en el Antiguo Testamento como ejemplos físicos de una realidad espiritual que se encuentra en el nuevo pacto. Él considera que no solo las profecías predictivas, sino todo el Antiguo Testamento, predice el Nuevo. Para el escritor de Hebreos, el Antiguo Testamento es una sombra; la realidad se encuentra en Jesús. Nos dice que la misma ley de Moisés era solo una sombra de las cosas que tenemos en Cristo (Hebreos 10:1).[1] Ya hemos mencionado la gran cantidad de citas del Antiguo Testamento en Hebreos. Si agregamos el uso de prefiguras y presagios a esta lista, el número de referencias sobre el Antiguo Testamento se vuelve aún mayor. En Hebreos, obtenemos firme evidencia de que el Antiguo Testamento está inspirado por Dios y, al mismo tiempo, el Antiguo Testamento cobra vida a través de Hebreos más que en cualquier otro libro del Nuevo Testamento. Aquí vemos ilustrada a grandes rasgos y con gran detalle la afirmación de Jesús acerca de toda la Biblia hebrea cuando dice: "¡Y son ellas (las Escrituras) las que dan testimonio en mi favor!" (Juan 5:39).

Otra característica de Hebreos es el uso de imágenes de cristianos como nómadas, peregrinos y caminantes. Somos personas para quienes este mundo no es nuestro hogar. No deberíamos esperar encajar en él, y no deberíamos mirar atrás hacia al país de dónde venimos. Nuestra vida implica separación y dificultades. La falta de valentía de algunos en la audiencia de Hebreos se explica por su falta de enfoque en nuestro hogar celestial. Debemos tener confianza en el futuro, no por algo que el mundo tenga para ofrecer, sino por nuestra expectativa de un hogar mejor: un descanso sabático con Dios. Esta confianza debe formar la base de nuestras acciones en el presente.

Una cosa más que queremos animarte a buscar en Hebreos es el uso de palabras que son poco comunes en el Nuevo Testamento pero que serían familiares para un judío en los tiempos del Nuevo Testamento. Algunas palabras que se usan con frecuencia en Hebreos y con frecuencia en el Antiguo Testamento, pero rara vez en el Nuevo Testamento fuera de Hebreos, incluyen "tabernáculo", "sumo sacerdote", "pacto", "ofrendas", "sacrificio" y "sangre". Claramente hay un patrón aquí. Todos estos son elementos del culto sacerdotal judío. Prepárate para recibir, mientras estudias Hebreos, un poco de lo que sería una introducción al culto religioso judío siendo consciente de que todas estas cosas son reemplazadas por algo mucho mayor que se encuentra en Jesús.

Hay otras tres palabras que se encuentran mucho en Hebreos, pero no con frecuencia en otras partes del Nuevo Testamento. Estas son "perfecto" (griego: *teleios*), que se encuentra quince veces; "superior" (griego: *kreitton*) y "mayor que/más que" (griego: *polys*). El escritor de Hebreos agotó su vocabulario al describir a Jesús y el pacto que tenemos en él. Él es perfecto, superior y mayor que todos y todo lo que vino antes de él y que vendrá después de él.

Esquema

Proporcionaremos dos esquemas de Hebreos. El primero es probablemente bastante parecido al que pudo haber compuesto el autor del sermón. Tiene la ventaja adicional de ilustrar maravillosamente el tema y el propósito del libro. El segundo probablemente no es el que habría usado el escritor de Hebreos, pero puede sernos útil a medida que avanzamos en este increíble libro.

Esquema # 1:

1. Jesús es mayor que los profetas (1:1-3)
2. Jesús es mayor que los ángeles (1:4-1:14, 2:5-9)

3. Exhortación # 1: Presta mucha atención (2:1-4)
4. Jesús, un sacerdote perfecto a través del sufrimiento (2:10-18)
5. Jesús es mayor que Moisés (3:1-6)
6. Exhortación # 2: Haz todo el esfuerzo posible (3:7-4:13)
7. Jesús es mayor que el sumo sacerdote (4:14-5:10)
8. Exhortación # 3: Avanza hacia la madurez (5:11-6:12)
9. Jesús es mayor que Abraham (6:13-20a)
10. El sacerdocio de Jesús es como el de Melquisedec; es mayor que el de Aarón (6:20b-7:28)
11. El pacto de Jesús es mayor que el pacto de Moisés (8:1-13)
12. Jesús habita en un tabernáculo celestial que es mayor al terrenal (9:1-11)
13. Jesús ofrece un mayor sacrificio (9:12-10:18)
14. Exhortación # 4: Acércate a Dios, no vuelvas atrás: El peligro de la rebelión contra Dios (10:19-39)
15. Exhortación # 5: Vive por fe (11:1-40)
16. Mira a Jesús (12:1-17)
17. Resumen (12:18-29)
18. Exhortaciones finales (13:1-25)

Esquema # 2

Hebreos 1-6 – La persona de Jesucristo
Hebreos 7-10:18 – El ministerio de Jesucristo
Hebreos 10:19-13:25 – Exhortaciones

Profundicemos ahora en el texto del libro de Hebreos.

Notas _____

1. John Oakes ha publicado un libro sobre tipos, prefiguras y presagios en el Antiguo Testamento y su cumplimiento en el Nuevo. Es John Oakes, *De la sombra a la realidad,* disponible en www.ipibooks.com.

_____ Capítulo 1 _____

Jesús es mayor que los profetas
Hebreos 1:1-3

El que pronuncia este notable sermón nos inicia con un estallido. Entra directo al tema en el primer versículo: Jesús es alguien digno de admirar. Él es más grande que los profetas.

> *Dios, que muchas veces y de varias maneras habló a nuestros antepasados en otras épocas por medio de los profetas, en estos días finales nos ha hablado por medio de su Hijo. A este lo designó heredero de todo, y por medio de él hizo el universo. El Hijo es el resplandor de la gloria de Dios, la fiel imagen de lo que él es, y el que sostiene todas las cosas con su palabra poderosa. Después de llevar a cabo la purificación de los pecados, se sentó a la derecha de la Majestad en las alturas. (Hebreos 1:1-3)*

El primer párrafo de Hebreos es una obra maestra del griego. El lenguaje es poético y complejo. La primera oración contiene cinco palabras que comienzan con la letra "p". ¡Solo intenta hacer una declaración teológica usando cinco palabras que comiencen con la letra "p" y observa lo que encuentras! La frase "muchas veces y de varias maneras" (*polymeros kai polytropos*) es un lenguaje clásico que marca el tono de Hebreos como literatura poética.

Ciertamente, Dios nos ha hablado en muchas ocasiones y de muchas maneras. Él nos ha hablado a través de la historia, la poesía, la profecía y el proverbio. Nos ha hablado por medio de reyes (David, Salomón), patriarcas (Moisés, Job), poetas (*Asaf*), labradores (Amós), escribas (los autores de los libros históricos), sacerdotes (Esdras), profetas, profetisas (Débora) y, sí, incluso a través de funcionarios del gobierno (Nehemías).

El comentarista William Barclay, en su escrito sobre Hebreos, describe el papel de cada uno de los profetas al producir fragmentos del mensaje de Dios. Los profetas fueron altamente estimados y respetados; sin embargo, cada uno elaboró solo algunas frases respecto a la misiva completa de Dios para la humanidad. Algunos hablaron de arrepentimiento, como Jonás;

otros hablaron de la santidad de Dios, como Isaías; de su gracia, como Oseas; de su justicia, como Amós, o de su sabiduría, como Salomón. Cada uno transmitió un aspecto del carácter de Dios en su profecía. Jesús, en cambio, fue más que un fragmento del mensaje de Dios: ¡él es el libro completo! Como ocurre con cada tecla de un piano, cada profeta sería una tecla con su tono particular, mientras que Jesús es todo el teclado. Como ocurre con los músicos, cada profeta hace su parte; sin embargo, Jesús es toda la orquesta. Los profetas trajeron el mensaje, pero Jesús *es* el mensaje.

Aún así, el autor de Hebreos enfatiza que el Nuevo Testamento está en continuidad con el Antiguo, en lugar de destacar la diferencia entre ellos. El mensaje que trae Jesús es la consumación de lo iniciado en el Antiguo Testamento. Él es quien cumplió la ley y los profetas (Mateo 5:17). En Cristo, pasamos de la promesa y la expectativa al cumplimiento. Como lo expresa el escritor de Hebreos en una parte: "Esto sucedió para que ellos no llegaran a la meta sin nosotros, pues Dios nos había preparado algo mejor" (Hebreos 11:40).

En la cita con la que empieza este capítulo, la frase "en estos días finales" era un lenguaje familiar para los cristianos judíos del primer siglo porque se encuentra con frecuencia en la traducción griega de la Septuaginta del Antiguo Testamento. Desde el día de Pentecostés, hemos estado viviendo en los últimos días (Hechos 2:16-17; 1 Pedro 1:20; 1 Corintios 10:11). Se hace hincapié en que en estos últimos días Dios ya no usa profetas; ha enviado a su Hijo y heredero Jesús para que hable por él. Jesús es comparado con los profetas, pero es mucho mayor que ellos. Estamos en la etapa final del plan de Dios. La forma en que el escritor de Hebreos lo expresa es: "Al final de los tiempos, se ha presentado una sola vez y para siempre a fin de acabar con el pecado mediante el sacrificio de sí mismo" (Hebreos 9:26).

Hebreos 1:2-3 es una de las prosas griegas más hermosas de todo el Nuevo Testamento. En esta sección, el escritor resume con una belleza deslumbrante cuán verdaderamente grande es nuestro Salvador Jesucristo. Este pasaje es paralelo a la descripción de Jesús que hace Pablo en Colosenses 1:15-19. Primero, Jesús es el heredero de todo. ¿Quién es el heredero? El Hijo. Él lo recibe todo, y si somos adoptados como sus hermanos y hermanas, entonces somos coherederos con Cristo (Romanos 8:17). Este privilegio tiene un valor incalculable: participamos de la herencia.

Añádase a esto el hecho de que Jesús es aquel por quien ha sido hecho todo el universo. Como lo expresó Juan: "Sin él, nada de lo creado llegó a existir" (Juan 1:3). Este es un poder que está más allá de nuestra capacidad de concebir. Nuestro sumo sacerdote Jesús es Creador; es Dios.

No solo eso, Jesús es el "resplandor" o *apaugasma* de la gloria de Dios. *Apaugasma* puede significar la luz que resplandece o la luz que se refleja. Jesús es el que resplandece. Él es el medio principal a través del cual la gloria de Dios se revela a la humanidad. En la medida en que Dios puede ser visto por los seres humanos, Jesús hace posible que puedan verlo sin que su resplandor los destruya: "Y hemos contemplado su gloria, la gloria que corresponde al Hijo unigénito del Padre, lleno de gracia y de verdad" (Juan 1:14). Él es la luz del mundo. Tomemos tiempo para contemplar a Jesús, el radiante resplandor de la gloria de Dios.

El siguiente concepto es hermoso. Jesús es la "fiel imagen" o *charakter* de Dios. La palabra griega aquí proviene del sello o impresión en cera que se usa para identificar al remitente de un regalo o carta. Los documentos se sellaban con cera y la imagen o insignia de una persona se presionaba sobre la cera caliente, dejando una impresión que identificaba claramente al remitente. Jesús es la imagen exacta de Dios. Nuevamente, en la medida en que se puede ver a Dios, en la medida en que su naturaleza puede ser visible, lo vemos en Cristo: en su espíritu, su trato a las personas, su actitud hacia el sufrimiento, su amor por los perdidos, su paciencia, su sabiduría y mucho más. Juan escribe: "A Dios nadie lo ha visto nunca; el Hijo unigénito, que es Dios y que vive en unión íntima con el Padre, nos lo ha dado a conocer" (Juan 1:18). En todas nuestras búsquedas de Dios, nunca lo hemos encontrado; en cambio, él vino a nosotros y se nos reveló. Este es Jesús. Esto es lo que distingue al cristianismo de absolutamente cualquier religión de invención humana. Nadie hubiera pensado en esto; sin embargo, es lo que Dios ha hecho en Cristo.

Además, el autor de Hebreos revela que "todas las cosas" son sustentadas por el poder de las palabras de Jesús. No afirma simplemente que Jesús es poderoso. ¡Dios nos dice que todo poder viene de Jesús! Él creó las leyes de la naturaleza y las mantiene funcionando. El poder de mantener el sol brillando durante cinco mil millones de años, de proporcionar energía a una planta nuclear y de mantener latiendo un corazón durante ochenta años, todo proviene de Jesús y su palabra. No podríamos vivir o existir ni siquiera por una fracción de segundo sin Jesús. Toda la vida en nuestro planeta depende de él. Jesús es el principio (Creador), el medio (sustentador) y el fin (heredero) de todas las cosas.

Pero no hemos terminado. No solo el poder para sustentar la vida proviene de él, sino que Jesús también proporcionó la purificación de los pecados que tan desesperadamente necesitábamos para que pudiéramos vivir verdaderamente la vida. De todos los atributos de Jesús descritos en Hebreos, este es en el que se centra. Este fue el último acto de Jesús en la tierra. Fue la razón principal, aunque no la única razón, por la que vino en la carne.

Solo entonces, solo después de hacer posible para nosotros la purificación de nuestros pecados, se sentó a la diestra de Dios, reinando con él en su gloria en el tabernáculo celestial. Esta es una referencia al Salmo 110:1.

> *Así dijo el SEÑOR a mi Señor:*
> *«Siéntate a mi derecha*
> *hasta que ponga a tus enemigos*
> *por estrado de tus pies».*

En el capítulo 9, nuestro evangelista volverá a tratar el tema del servicio que hace Jesús a favor nuestro al estar sentado a la diestra de Dios. Termina su magnífica descripción de Jesús concluyendo que él es, por lo tanto, muy superior a los ángeles. Pero esa es nuestra siguiente sección.

Capítulo 2

Jesús es mayor que los ángeles
Hebreos 1:4-14

Jesús es mayor que los profetas—infinitamente mayor. Él no solo trajo el mensaje, él es el mensaje. Ahora nuestro autor pasa al segundo elemento del judaísmo sobre el cual Jesús es muy superior: es más grande que los ángeles; "llegó a ser superior a los ángeles en la misma medida en que el nombre que ha heredado supera en excelencia al de ellos" (Hebreos 1:4). La palabra para "ángel" es *aggeloi* en griego y מַלְאָךְ (*malaj*) en hebreo. Un ángel es un mensajero de Dios, que es lo que significa la palabra *aggeloi*. Había creencias muy arraigadas entre los judíos sobre el papel de los ángeles en aquel momento. Los estimaban mucho como los únicos seres lo suficientemente santos para hablar directamente con Dios y estar en su presencia. Se creía que fueron los ángeles quienes llevaron la ley a Moisés en el Sinaí. En la sección de Hebreos que analizaremos en este capítulo, se aclara que Jesús está muy por encima de los ángeles, ocupando una clase aparte. El autor utiliza una serie de citas del Antiguo Testamento destacando las diferencias entre la relación de Jesús con Dios y la que tienen los ángeles, explicando la superioridad de Jesús sobre ellos.

Porque, ¿a cuál de los ángeles dijo Dios jamás:
> *«Tú eres mi hijo;*
>> *hoy mismo te he engendrado»; [citando el Salmo 2:7]*

y en otro pasaje:
> *«¿Yo seré su padre,*
>> *y él será mi hijo»? [2 Samuel 7:14]*

Además, al introducir a su Primogénito en el mundo, Dios dice:
> *«Que lo adoren todos los ángeles de Dios». [Deuteronomio 32:43 LXX y DSS [2]]*

En cuanto a los ángeles dice:
> *«Él hace de los vientos sus ángeles,*
>> *y de las llamas de fuego sus servidores». [Salmo 104:4 PDT]*

Pero con respecto al Hijo dice:

«Tu trono, oh Dios, permanece por los siglos de los siglos,
   y el cetro de tu reino es un cetro de justicia.
Has amado la justicia y odiado la maldad;
   por eso Dios, tu Dios, te ha ungido con aceite de alegría,
   exaltándote por encima de tus compañeros». [Salmo 45:6-7]
También dice:
   «En el principio, oh Señor, tú afirmaste la tierra,
   y los cielos son la obra de tus manos.
Ellos perecerán, pero tú permaneces para siempre.
   Todos ellos se desgastarán como un vestido.
Los doblarás como un manto,
   y cambiarán como ropa que se muda;
pero tú eres siempre el mismo,
   y tus años no tienen fin». [Salmo 102:25-27]

¿A cuál de los ángeles dijo Dios jamás:
   «Siéntate a mi derecha,
hasta que ponga a tus enemigos
   por estrado de tus pies»? [Salmo 110:1]

   ¿No son todos los ángeles espíritus dedicados al servicio divino, enviados para ayudar a los que han de heredar la salvación? (Hebreos 1:5-14)

Las escrituras aquí entretejidas destacan las promesas acerca de Jesús a lo largo de los siglos. Demuestran que su venida para salvar a la humanidad no fue algo que planeó de modo tardío cuando las cosas se salieron de control. Enviar a su Hijo fue la intención de Dios desde el principio, y sus ángeles eran simplemente mensajeros que preparaban el camino para la venida del Hijo. Él fue el centro del plan todo el tiempo. Es el cumplimiento de la ley, y su ministerio marca la victoria final de Dios. Una persona no puede estar bien con Dios y estar mal con Jesús. Ninguno de estos roles y atributo se aplica a los ángeles.

El escritor de Hebreos usa las escrituras anteriores para señalar varias formas en las que los ángeles son inferiores a Jesús.

1. Un nombre mayor

En primer lugar, Jesús tiene un nombre mucho mejor que el de los ángeles. A ellos se les llama mensajeros, a él se le llama Hijo. Los pueblos del antiguo Cercano Oriente les daban mucha importancia a los nombres. Más allá de una mera etiqueta, el nombre se identificaba con la cosa nombrada y se pensaba que tenía poder en sí mismo. En una jerarquía real, ¿quién tiene más honor y poder, un mensajero o el hijo del rey? Jesús tiene un nombre mucho mayor.

2. Un papel más importante

Los ángeles son mensajeros, y el mensaje es Jesús. Ser mensajero de Dios es todo un honor, pero ¿a cuál debemos prestar atención, al mensajero o al mensaje?

3. Los ángeles cambian, Jesús no

La escritura muestra que los ángeles cambian. Para los griegos, todo lo que cambia es menor que todo lo que no cambia. Los ángeles son vientos y fuegos (Hebreos 1:7); estas son cosas que van y vienen y que cambian rápidamente. En la obra apócrifa judía 4 de Esdras, en 8:21-22 se describe a los ángeles de una manera que recuerda el versículo 7: "Cuyo trono es invencible; cuyos ángeles están en pie con temor. Por cuya orden existen el viento y fuego". En una enseñanza rabínica un ángel dice: "Dios nos cambia a cada hora. A veces nos hace fuego, otras veces viento". En comparación, Jesús es eterno e inmutable. Su trono durará por los siglos de los siglos. Como dijo el salmista, y tal como el escritor de Hebreos aplica a Jesús: "Tú eres siempre el mismo, y tus años no tienen fin". ¿Por qué daríamos nuestra atención a los ángeles?

4. Los ángeles perecerán

Para la mentalidad griega, las grandes cosas eran inmutables y eternas. Los ángeles perecerán (v. 11). Se desgastan. Se cansan. En el salmo se habla de la tierra, pero el escritor de Hebreos aplica esto a los ángeles. Jesús es eterno, y ¿cuánto más grande es algo eterno que algo temporal? ¿Cuánto es el infinito dividido por cualquier número? Infinito.

5. Los ángeles son espíritus ministradores

Una vez más, es un gran honor estar dedicado al servicio divino, para comunicar su mensaje a su pueblo. Los ángeles están dedicados al servicio divino (v. 14), pero Jesús es a quien sirven. ¿Por qué querrían los judíos entonces adorar al adorador? Deben adorar a Jesús, el que está sentado a la diestra de Dios. Jesús es muy superior a los ángeles. (Este tema será revisado en Hebreos 2:5-9, que cubriremos en el próximo capítulo).

Notas _____

2. La Septuaginta y los Rollos del Mar Muerto.

___ Capítulo 3 ___
Exhortación #1:
Prestemos cuidadosa atención
Hebreos 2:1-9

> *Por eso es necesario que prestemos más atención a lo que hemos oído, no sea que perdamos el rumbo. Porque, si el mensaje anunciado por los ángeles tuvo validez, y toda transgresión y desobediencia recibió su justo castigo, ¿cómo escaparemos nosotros si descuidamos una salvación tan grande? Esta salvación fue anunciada primeramente por el Señor, y los que la oyeron nos la confirmaron. A la vez, Dios ratificó su testimonio acerca de ella con señales, prodigios, diversos milagros y dones distribuidos por el Espíritu Santo según su voluntad. (Hebreos 2:1-4)*

El capítulo 2 comienza con la primera de cinco severas exhortaciones que se encuentran en Hebreos. Cada una es una advertencia sobre algo que podría hacernos perder nuestra fe en Jesús y, con el tiempo, nuestra salvación. Las cinco advertencias se encuentran en Hebreos 2:1-4, 3:7-19, 5:11-6:12, 10:19-39 y 11:1-40. Fluyen como un sermón de cinco puntos. La primera exhortación es "¡Presta atención!". ¿Cómo te sientes cuando alguien te dice que pongas atención? "¿Quién, yo?". Ese es el problema. Cuando no estamos prestando atención, no somos conscientes del hecho de que no estamos poniendo atención. No pierdas el enfoque ni te distraigas de algo tan increíblemente importante. ¿Prestar atención a qué? A Jesús, por supuesto, pero en este caso se nos advierte que prestemos atención a "lo que hemos oído", al "mensaje" que se nos ha entregado y a "una salvación tan grande" que se nos ha ofrecido.

En la primera oración se utilizan dos términos náuticos para ilustrar lo que se está hablando. En la frase "prestemos más atención", la palabra utilizada es *prosechein,* la cual significa estar en guardia y estar vigilante. Era un término usado por un marinero para referirse a la posición de estar de guardia. Era el término náutico para anclar o amarrar un barco. Este término lo destacaría como un mandato contundente para el oyente. Como cristianos, debemos mantenernos en guardia y permanecer anclados a Jesús. La siguiente palabra para tener en cuenta es *pararrein.* Este es otro término náutico, que significa desplazarse o alejarse. Un barco que ha sido amarrado o anclado incorrectamente se desplazará a la deriva al ser arrastrado por la marea. Cuando nos alejamos del amarre, es probable que seamos destruidos por las rocas. No es una desaparición repentina, sino un lento desvanecimiento. Si un barco va a la deriva en un río, los pasajeros podrían estar flotando río abajo sin darse cuenta, hasta que miran a tierra y se dan cuenta de que se han estado moviendo con la corriente. Así es en nuestra vida cristiana. En este caso, la "tierra" que debemos mirar es el mensaje de nuestra salvación.

Los cristianos, por lo general, no se apartan o dejan la fe repentinamente, pues ello usualmente comienza con un descuido en su bienestar espiritual. Un cristiano débil se desvía al permitirse hacer concesiones en su disciplina espiritual. Comienza con cosas pequeñas como permitir que disminuya su lectura diaria de la Biblia. Los tiempos de oración se saltan o se vuelven un recital mecánico, vacío de corazón. La vida moderna es increíblemente ocupada, quizás más ocupada que nunca en la historia de la raza humana, lo cual es irónico considerando los avances tecnológicos que hemos hecho que debieran hacer la vida más fácil. Sin embargo, parece que cuanto más avanzamos, más ocupados estamos. Si no luchamos agresivamente por pasar tiempo con Dios, la vida lo excluirá de nuestros horarios. A medida que una persona se aleja, las tentaciones se vuelven más fuertes. Una vez que comenzamos a ceder a la tentación, también comenzamos a aislarnos de Dios y de su pueblo. Como en cualquier relación, pasar tiempo juntos es una necesidad. La comunicación es un requisito relacional.

La distancia es siempre el patio de recreo del diablo. A medida que, según nosotros, Dios se convierte en alguien distante, incluso podemos empezar a juzgarlo en lugar de reconocer que es nuestro juez justo; decidimos que es injusto, que nos pide demasiado, etc. El pecado ya no parece tan malo y Satanás está siempre dispuesto a proporcionar una justificación para ello. Mientras que antes compartíamos fácilmente nuestras luchas con amigos cercanos, la falta de apertura y honestidad se vuelve habitual, y dejamos de practicar cualquier forma de confesión. En este punto, tendemos a separarnos de la iglesia. Se vuelve incómodo estar cerca de cristianos fuertes. Tememos el juicio de Dios o de los miembros de nuestra familia espiritual, por lo que nos retiramos. Comenzamos el inexorable proceso de ir a la deriva, cuyo resultado final será perder nuestra salvación. ¡Que esto no nos ocurra!

Incluso después de años de vida honesta, un cristiano a la deriva puede caer en una doble vida, racionalizando el pecado secreto y colocándose en situaciones comprometedoras. Nos decimos internamente: *"Yo puedo lidiar con esto".* Pero el pecado gradualmente endurece nuestros corazones. El espíritu que está en nuestros corazones se muere lentamente de hambre a medida que fallamos en alimentarlo a través de la oración y el estudio de la

Biblia. Nos debilitamos aún más espiritualmente mientras nuestra naturaleza pecaminosa se fortalece. Las tentaciones de nuestras vidas pasadas se vuelven más apremiantes. La escasez de tiempo afecta nuestras prioridades, ya que Jesús se convierte en una de las muchas cosas que hay en nuestras vidas. La asistencia a la iglesia flaquea, revelando la condición de nuestros corazones. El matrimonio y otras relaciones sufren debido a la falta de fortaleza y guía espiritual. Mientras tanto, nuestra fe cae en picada. Ya no vemos la mano de Dios en nuestras vidas. Los milagros y las victorias que al principio alimentaron nuestra fe se reducen a nada. Esas grandes historias de cómo cambiamos radicalmente y superamos los desafíos se reducen lentamente, y las cosas asombrosas que estaban sucediendo ya no ocurren más. Cuando estamos a la deriva, perdemos nuestros sentimientos de gratitud, emoción y alegría. La adoración ya no conmueve nuestro corazón, y dejamos de ser conmovidos por cánticos y alabanzas. Los sermones ya no son efectivos. Dejamos de hablar de nuestra fe y amor a Dios. Cuanto más nos alejamos, más lejos nos parece que está Dios y más imposible parece ser la vida cristiana.

¡Es de esperar que alguien te traiga una palabra de aliento antes de que te hayas ido demasiado lejos! Como cristianos mayores, estamos eternamente agradecidos por los hermanos y hermanas que nos llaman de regreso. Ya sea mediante una reprensión o animándonos, ¡agradecemos a Dios por aquellos que nos hicieron reaccionar y nos despertaron de nuestro andar a la deriva! Los cristianos debemos permanecer sólidamente anclados en Jesús o nos dejaremos llevar por Satanás. Todos hemos visto demasiados amigos arrastrados por el enemigo. Debemos prestar atención a la advertencia solemne: "Porque, si el mensaje anunciado por los ángeles tuvo validez, y toda transgresión y desobediencia recibió su justo castigo, ¿cómo escaparemos nosotros si descuidamos una salvación tan grande?" La respuesta es que no escaparemos.

Los judíos creían que Dios entregó su palabra a través de mensajeros/ ángeles y que ignorarlos o rebelarse contra ellos acarreaba un castigo rápido. En Deuteronomio 33:2 (RVA-2015) dice que "miríadas de santos" estaban presentes cuando Moisés dio la ley de Dios. Los ángeles fueron los testigos legales cuando Dios entregó la ley. Hay una conexión entre el primer párrafo del capítulo 2 y el párrafo inicial del capítulo 1 de Hebreos, ya que el argumento vuelve al tema de la importancia de escuchar a Jesús. Qué tonto sería ignorar a los profetas de Dios y probablemente peor ignorar a sus ángeles. El autor argumenta que somos mucho más culpables si ignoramos al Hijo de Dios, quien es su representación exacta. Menciona dos tipos de desobediencia: la *parábasis,* que es una violación o actuar deliberadamente en rebelión; y *parakoe,* que es audición imperfecta o descuidada, o falta de voluntad para oír.

A veces elegimos a sabiendas hacer el mal y, por supuesto, eso es muy malo. Todos llevamos una vena rebelde en nuestro interior, unos mucho más que otros. Algunos de nosotros éramos discretamente rebeldes cuando éramos más jóvenes, pareciendo buenos por fuera, pero estando llenos de pecado por dentro. Otros eran rebeldes de forma manifiesta. Algunos de nosotros somos plenamente conscientes de nuestro pecado, mientras que otros nos autoengañamos y culpamos a los demás por nuestras malas acciones, creyendo nuestra propia propaganda sobre por qué pecamos y viéndonos a nosotros mismos como víctimas en lugar de pecadores.

Pero muchas veces, los cristianos simplemente no prestan suficiente atención a su salvación. Dejamos de escuchar. No pecamos tanto voluntariamente, pero elegimos no escuchar las palabras de Dios, esperando que la ignorancia sea una excusa. Todos sabemos que no lo es. Prueba eso con el oficial de policía que te detiene: "No sabía que era contra la ley". ¡Intenta decirle eso a Dios! Tendemos a sentirnos cómodos haciendo lo básico y olvidamos que estamos en una lucha entre el bien y el mal, la luz y la oscuridad. Pensamos: *"Estoy bien"* y, sin darnos cuenta, nos vamos alejando de nuestra salvación. Escuchamos sermones y pensamos: *"Ya he escuchado eso antes".* Podemos perder nuestro sentido de descubrimiento y caer en la rutina y la tradición. Podemos cantar canciones y ser insensibles a las palabras que decimos. Incluso podemos repetir oraciones memorizadas con palabras que ya no tienen significado. Jesús nos advirtió, citando a Isaías: "Este pueblo me honra con los labios, pero su corazón está lejos de mí".

¿A cuál eres más propenso? ¿Es tu tendencia principal la *parábasis,* la rebelión absoluta? ¿O eres más propenso al *parakoe?* ¿Eres de los que simplemente tiende a dejar de escuchar con atención el mensaje que trae la salvación? Esperemos que ya estés prestando mucha atención al mensaje. Si es así, seguirás creciendo en tu fe.

El escritor de Hebreos le da a su audiencia un par de razones adicionales para escuchar el mensaje que les fue entregado, en caso de que necesiten más. Hace uno de los comentarios que revelan que son cristianos de segunda generación: recibieron el evangelio, no directamente de Jesús, sino de quienes lo recibieron directamente de él. Afirma que "esta salvación fue anunciada primeramente por el Señor, y los que la oyeron nos la confirmaron". Este mensaje vinculante al que debemos prestar mucha atención fue entregado por los apóstoles. Además, su inspiración fue confirmada por varios milagros y dones del Espíritu Santo. Podemos suponer que la audiencia de Hebreos fueron testigos oculares de algunos de estos dones milagrosos. Uno de los propósitos de los dones milagrosos del Espíritu Santo en el primer siglo fue confirmar el mensaje inspirado a las personas que aún no tenían el Nuevo Testamento completo. El punto del escritor es este: Dios mismo testificó de este mensaje, así que es mejor que le prestemos mucha atención.

Es en este punto que el esquema que estamos usando (que es el esquema que nuestro predicador aparentemente también usó) se vuelve un poco difícil de seguir. Después de darnos nuestra primera exhortación fuerte en Hebreos 2:1-4 y en Hebreos 2:5-9, el sermón regresa para discutir un poco más la superioridad de Jesús sobre los ángeles.

> *Porque no fue a los ángeles a quienes Dios sometió el mundo venidero del cual hablamos. Pues alguien dio testimonio en un lugar diciendo:*
> *¿Qué es el hombre,*
> *para que te acuerdes de él,*
> *o el hijo del hombre,*
> *para que tengas cuidado de él?*
> *Le has hecho por poco tiempo*
> *menor que los ángeles;*
> *le coronaste de gloria y de honra;*
> *todas las cosas sometiste*
> *debajo de sus pies.*
> *Al someter a él todas las cosas, no dejó nada que no esté sometido a él. Pero ahora no vemos todavía todas las cosas sometidas a él. Sin embargo, vemos a Jesús, quien por poco tiempo fue hecho menor que los ángeles, coronado de gloria y honra por el padecimiento de la muerte, para que por la gracia de Dios gustase la muerte por todos. (Hebreos 2:5-9 RVA-2015)*

Una vez más, tenemos escrituras que destacan la supremacía de Jesús. Se cita el Salmo 8:4-6 para demostrar la condición de su humanidad. Es importante entender que "hijo del hombre" aquí se refiere a Jesús. Este título era otra forma hebrea de decir "ser humano". Como sabrá nuestra audiencia cristiana judía, a Ezequiel se le llama "hijo de hombre" más de ochenta veces. Daniel también es llamado "hijo de hombre" (Daniel 8:17 RVA-2015), al igual que otros. Jesús, por supuesto, fue llamado Hijo del Hombre, pero cuando se hizo esto fue para enfatizar su humanidad. Jesús es humano (hijo del hombre) y Dios (Hijo de Dios). El salmista revela que Dios hizo a los seres humanos temporalmente inferiores a los ángeles. Este es nuestro estado actual, mientras estemos en la tierra en estos cuerpos físicos temporales. Sin embargo, Dios se preocupa mucho por la humanidad y ha sometido todas las cosas aquí en la tierra a nuestro dominio.

Desafortunadamente, también vemos que, en esta tierra, la voluntad de Dios no siempre se hace (Mateo 6:10), y los humanos no son la única influencia controladora aquí, ya que hasta cierto punto este es el reino de Satanás.

Pero este no es el punto principal. Lo que el autor nos está diciendo aquí tiene la intención de animarnos mucho. Aquí está la noticia más espectacular y que produce alegría: Jesús se dejó hacer "menor que los ángeles". En realidad, la NVI no da el mejor sentido de este pasaje al traducirlo: "Lo hiciste un poco menor que los ángeles". El griego reflexiona que fue hecho inferior a los ángeles por poco tiempo. Jesús se hizo inferior a los ángeles, no en importancia, sino en poder. ¡Qué magnífico concepto! Jesús se rebajó hasta hacerse humano para salvar a la humanidad. Esto es lo que hace un buen sumo sacerdote. También es el tema de la siguiente sección del libro. Jesús bajó a un mundo lleno de esclavos del pecado, tomando él mismo forma de esclavo, para poder salvarnos de nuestra condición perdida. He aquí el resto de las increíbles noticias: después de hacerse inferior a los ángeles, ha sido exaltado en lo alto por Dios y ahora es coronado de gloria y honra en los cielos. Como dijo Pablo con respecto a Cristo Jesús:

> *Quien, siendo por naturaleza Dios,*
> *no consideró el ser igual a Dios como algo a qué*
> *aferrarse.*
> *Por el contrario, se rebajó voluntariamente,*
> *tomando la naturaleza de siervo*
> *y haciéndose semejante a los seres humanos.*
> *Y, al manifestarse como hombre,*
> *se humilló a sí mismo*
> *y se hizo obediente hasta la muerte,*
> *¡y muerte de cruz!*
> *Por eso Dios lo exaltó hasta lo sumo*
> *y le otorgó el nombre*
> *que está sobre todo nombre. (Filipenses 2:6-9)*

Sumado a esto, él nos levantará después de los últimos días para que estemos sobre los ángeles. De hecho, juzgaremos a los ángeles (1 Corintios 6:3). Este es el Jesús que intercede por nosotros.

_____ Capítulo 4 _____

Jesús es un sacerdote perfecto
Hebreos 2:10-18

Pasamos ahora al tercer sentido en el que Jesús es muy superior a algo que los judíos pensaban que era bastante grande. Jesús es más grande que los profetas. Es muy superior a los ángeles.

Él es también un sumo sacerdote perfecto.

> *En efecto, a fin de llevar a muchos hijos a la gloria, convenía que Dios, para quien y por medio de quien todo existe, perfeccionara mediante el sufrimiento al autor de la salvación de ellos. Tanto el que santifica como los que son santificados tienen un mismo origen, por lo cual Jesús no se avergüenza de llamarlos hermanos, cuando dice:*
> *«Proclamaré tu nombre a mis hermanos;*
> *en medio de la congregación te alabaré» [Salmo 22:22]*

En otra parte dice:
> *«Yo confiaré en él». [Isaías 8:17]*

Y añade:
> *«Aquí me tienen, con los hijos que Dios me ha dado».*
> *[Isaías 8:18]*

> *Por tanto, ya que ellos son de carne y hueso, él también compartió esa naturaleza humana para anular, mediante la muerte, al que tiene el dominio de la muerte —es decir, al diablo—, y librar a todos los que por temor a la muerte estaban sometidos a esclavitud durante toda la vida. Pues, ciertamente, no vino en auxilio de los ángeles, sino de los descendientes de Abraham. Por eso era preciso que en todo se asemejara a sus hermanos, para ser un sumo sacerdote fiel y misericordioso al servicio de Dios, a fin de expiar los pecados del pueblo. Por haber sufrido él mismo la tentación, puede socorrer a los que son tentados. (Hebreos 2:10-18)*

Encontramos aquí un poderoso argumento que aclara la naturaleza y el propósito de Jesús. Se presenta la idea radical de que Dios perfeccionó al Mesías Jesús. ¡Esto implica que aún no era perfecto! Esta es una de esas palabras de las que te dijimos que tuvieras cuidado. La palabra "perfeccionar" aquí es el griego *teleioo.* Con frecuencia, como ocurre aquí, se traduce como "perfeccionar", pero el significado de la palabra incluye la idea de madurar o desarrollar totalmente, completar. La palabra *teleioo* normalmente no implica la idea en español de ser sin defecto. Hay una tremenda profundidad en la terminología aquí. Esta palabra es la misma usada en el Pentateuco de las Escrituras hebreas para consagrar, ordenar y nombrar al sumo sacerdote para el servicio en el tabernáculo (Éxodo 29:9, 29, 33, 35; Levítico 4:5, 8:33, 16:32, 21:10; Números 3:3). Esto era requerido por la ley para que alguien sirviera en sus deberes sacerdotales. Por supuesto, también se requería que Jesús sirviera como nuestro sumo sacerdote.

Lo asombroso es que Jesús fue completamente perfeccionado por el sufrimiento. Esta idea es radical a la luz de los puntos de vista de las religiones paganas. Incluso en el judaísmo, es sorprendente que Dios sufra de alguna manera. Que él sufriera por nosotros es absolutamente sobrecogedor. Fue hecho perfecto porque soportó el sufrimiento humano y sabía cómo se sentía. Podía identificarse con nuestras luchas porque también pasó por ellas. ¡Él entiende el sufrimiento que todos nosotros soportamos en este mundo caído! Se le llama el *archegos,* el "iniciador" o campeón de nuestra salvación. Es un pionero en el sentido de que abrió el camino para nosotros. Fue perfeccionado/hecho completo al resistir la tentación y el sufrimiento sin pecar ni una sola vez. Por lo tanto, dejó un camino delante de nosotros para seguirlo. Cuando una persona rica le dice a una persona pobre: "Comprendo tus dificultades", es extremadamente difícil para la persona pobre creer eso. Una vez se citó al multimillonario Paul Getty diciendo: "Si quieres ser rico como yo, debes levantarte temprano todas las mañanas, trabajar muy duro todos los días y encontrar petróleo". Estamos tentados a responder: "Lo que tú digas, Paul". Cuando los políticos afirman que se pueden identificar con la gente común, la mayoría se burla de eso y piensa: *"¿Cómo podrían ellos identificarse?".* Un pobre sufre muchas cosas que la gente con dinero nunca podrá comprender. Pero cuando una persona rica tiene trasfondo de pobreza, tiene credibilidad instantánea; bajo este entendimiento se convierte en miembro de una comunidad única. Al sufrir, Jesús se hizo miembro de la comunidad de los que sufren en este mundo, que somos todos nosotros. En un sentido real, se convirtió en familia. No es de extrañar que el escritor diga: "Tanto el que santifica a las personas como los que son santificados son de la misma familia". Qué hermoso concepto. Eres parte de la familia de Jesús porque él sufrió como tú en todos los sentidos.

Una vez, hace muchos años, a mi esposa y a mí (Roberto) se nos pidió que hiciéramos un taller sobre matrimonios en Boston titulado Amor Radical. Durante una de nuestras clases principales, Michele compartió sobre los desafíos de la vida cuando uno tiene una enfermedad crónica. Habló sobre cómo su enfermedad hizo que faltara a las reuniones y cómo, posteriormente, las personas en la iglesia cuestionaron su nivel de compromiso. Ella compartió sobre el desafío de vivir con dolor y ser juzgada como una persona que "daba menos". La clase concluyó y me rodearon varios hombres que me agradecieron y compartieron pensamientos adicionales sobre nuestro tema. Cuando miré a mi esposa, me sorprendió verla rodeada de docenas de mujeres. Ella fue una heroína instantánea para ellas debido a lo que había sufrido: se le reconocía como líder. Jesús nos comprende porque fue como uno de nosotros. "Él también compartió [nuestra] naturaleza humana". Jesús fue perfecto porque también lidió con el dolor y la pérdida de una manera en que Dios el Padre y Creador de los cielos no lo hizo. ¡Dios Padre nos envió a Jesús, Emmanuel, Dios con nosotros!

Jesús no es el jefe, trabajando en su cómoda oficina con aire acondicionado, mirando desde lejos a los trabajadores en el primer piso de la fábrica. Más bien él salió de su oficina y está sudando junto con nosotros en el piso de la fábrica. No podíamos ir a Dios, entonces Dios vino a nosotros. No podíamos entender a Dios, pero Dios vino aquí para que pudiera entendernos y nosotros pudiéramos entenderlo. ¡Qué cosa tan hermosa es esto!

En el versículo 17 leemos sobre Jesús que en todo se asemeja a sus hermanos. Este es un concepto escandaloso cuando consideramos quién es Dios. Sin embargo, cuán grande es este hecho. Cuando pecamos o sufrimos, nuestro deseo natural es hablar con alguien que pueda identificarse con nosotros. Nadie quiere compartir su culpa o sufrimiento con alguien que no puede relacionarse con nosotros ni puede mostrar empatía. Más bien, buscamos a alguien que también haya sufrido y así pueda identificarse con nuestro dolor. Incluso en el área del pecado, queremos a alguien que sepa lo difícil que es vencer el pecado, no a alguien que juzgue con frialdad. ¡Jesús sabe lo difícil que es y, sin embargo, tuvo éxito! Sobre el propósito de las acciones de Jesús, leemos: "[...] para ser un sumo sacerdote fiel y misericordioso al servicio de Dios". La misericordia es increíblemente importante para nosotros que sabemos que somos pecadores. Para salvarnos, Jesús tuvo que ser misericordioso y fiel en el sentido de que no perdería la esperanza respecto a nosotros ni se rendiría en ayudarnos. ¡Él fue y sigue siendo nuestro *archegos*, nuestro campeón! En la antigüedad, las personas ricas podían tener un campeón que peleara por ellos, alguien que lucharía por su honor, su nombre o incluso su vida. Jesús es nuestro campeón. William Lane, en su comentario de Hebreos, afirma sobre el término "campeón" que "la tradición proporcionó a los profetas la base para desarrollar el significativo tema teológico de Dios como el campeón de Israel".[3] Él es nuestro *archegos,* nuestro precursor que nos ama y nos considera familia. Todo el mundo quiere tener éxito. Buscamos la tutoría de aquellos que han tenido éxito en un área de importancia para nosotros. Contratamos y pagamos a profesionales que se han destacado en su campo. Entendemos que alguien no puede mostrarnos el camino a menos que lo haya recorrido y se haya distinguido en él. ¿Irías con un entrenador físico flácido? Jesús tuvo éxito en todas las cosas. Más que eso, fue victorioso, incluso sobre nuestro mayor enemigo, ¡la muerte misma! Por lo tanto, no hay excusa para no seguir a Jesús, sino que tenemos todas las razones para enfocarnos en él y caminar siguiendo sus pasos.

> El SEÑOR marchará como guerrero;
>   como hombre de guerra despertará su celo.
> Con gritos y alaridos se lanzará al combate,
>   y triunfará sobre sus enemigos. (Isaías 42:13)

Notas _____

3. William. L. Lane, *Hebrews 1-8* (Hebreos 1-8), Word Biblical Commentary (comentario bíblico de la palabra) vol. 47a (Dallas: Word Incorporated, 1998), 62.

Capítulo 5

Jesús es mayor que Moisés
Hebreos 3:1-6

En los capítulos 1 y 2 de Hebreos hemos visto la superioridad de Jesús sobre los profetas y los ángeles. Ahora, en los versículos 1 al 6 del capítulo 3, se nos presenta una comparación entre Jesús y Moisés. Veremos que Jesús es mucho más grande.

Por lo tanto, hermanos, ustedes que han sido santificados y que tienen parte en el mismo llamamiento celestial, consideren a Jesús, apóstol y sumo sacerdote de la fe que profesamos. Él fue fiel al que lo nombró, como lo fue también Moisés en toda la casa de Dios. De hecho, Jesús ha sido estimado digno de mayor honor que Moisés, así como el constructor de una casa recibe mayor honor que la casa misma. Porque toda casa tiene su constructor, pero el constructor de todo es Dios. Moisés fue fiel como siervo en toda la casa de Dios, para dar testimonio de lo que Dios diría en el futuro. Cristo, en cambio, es fiel como Hijo al frente de la casa de Dios. Y esa casa somos nosotros, con tal que mantengamos nuestra confianza y la esperanza que nos enorgullece. (Hebreos 3:1-6)

Veremos qué elementos hacen a Jesús superior a Moisés, pero primero, notemos que se dirige a nosotros los hermanos y hermanas como "santificados". Esta manera formal de dirigirse a alguien normalmente se habría aplicado solo a los judíos que guardaban la ley de Dios. El escritor nos está recordando que ahora los santos de Dios son el pueblo de Jesús, sea judío o gentil. La palabra "santificado" implica que alguien o algo ha sido especialmente apartado para hacer la voluntad de Dios, como los instrumentos del tabernáculo o del templo que solo se usaban para propósitos santos como el sacrificio y la adoración. Como ellos, Dios nos hizo únicos y nos apartó para uso sagrado. Somos vasos para propósitos nobles (2 Timoteo 2:20). No somos ciudadanos comunes; compartimos una gran responsabilidad de cumplir nuestro único propósito: llevar a cabo la voluntad de Dios. Este propósito y responsabilidad no pueden tomarse a la ligera.

En el primer versículo encontramos el mandato "consideren a Jesús", que implica fijar nuestros pensamientos en él. Este no es un llamado a considerar pasivamente la vida de Jesús. Es un mandato para concentrar nuestra energía mental, llegar a una comprensión plena de cuán espléndido es Jesús y hacer un gran esfuerzo para llegar a ser como él. La palabra griega aquí es *katanoein,* que significa considerar, ponderar, meditar o mirar manteniendo la concentración. Hay tantas cosas en la vida que exigen nuestra atención que es difícil concentrarse en algo durante un período prolongado de tiempo. El siglo XXI es la era de la distracción. Con internet, computadoras portátiles, tabletas y teléfonos inteligentes, tenemos entretenimiento, información, noticias, comunicación y una gran cantidad de datos triviales ante nuestros ojos, disponibles constantemente al alcance de nuestra mano en cualquier momento y en cualquier lugar. Es difícil incluso para los más fuertes resistir la tentación de ser atraídos y consumidos por nuestros dispositivos electrónicos. Es demasiado fácil absorber pasivamente el entretenimiento en lugar de tener un tiempo de quietud enfocado en Dios. Cuando tenemos problemas, tenemos la opción de simplemente escapar al mundo cibernético, mirando una pantalla en lugar de concentrarnos en Jesús.

Yo (Roberto) una vez escuché un sermón de mi buen amigo Mike Taliaferro en el que compartió el ejemplo de una situación que se dio en un cine en Brasil en el que la pantalla estaba desenfocada, por lo que la multitud comenzó a corear "Enfoque, enfoque". Su punto era que los cielos, con mucha frecuencia, deben estar gritándonos lo mismo a nosotros los cristianos: "Enfoque, enfoque" mientras caminamos por nuestros días, buenos y malos. ¡El centro de la creación es Jesús, y el poder de una vida victoriosa proviene de Jesús! Él es la inspiración y el ejemplo. No podemos vivir una vida piadosa con alguna medida de éxito sin una fuerte conexión con él. Cuando las personas pierden de vista a Jesús, pierden su conexión vital con su "apóstol", aquel a quien Dios envió a nosotros, y con el "sumo sacerdote", quien está ante Dios en nuestro nombre. Es de él de quien recibimos el poder y la motivación para vencer los obstáculos, encontrar la victoria en la derrota y brillar en Dios. ¡Él es el camino, la verdad y la vida! El desafío de este siglo es mantener nuestras mentes centradas con láser en él.

A diferencia de la ilustración anterior sobre la sala de cine, la falta de enfoque en Jesús puede ser sutil y pasar desapercibida durante años. Como una batería recargable que no carga completamente porque sus químicos se han descompuesto, es la fe de una persona que carece de enfoque. Los cristianos desenfocados apenas se aferran a su fe mientras continúan con sus tradiciones, pero son vencidos por sus tentaciones y cojean a través de malas relaciones y malos matrimonios; y con el tiempo caen en las mismas tentaciones que sus vecinos no cristianos. Esta es una trampa que paraliza a millones que profesan el poder de Dios que proviene de la vida cristiana, pero que viven sin poder alguno. Por esta razón es que tantas personas en el mundo ven actualmente a los "cristianos" como iguales a los miembros de cualquier otra religión. Debido a su débil conexión provocada por la falta de enfoque en Cristo, apenas se diferencian de los demás. Jesús es parte de su vida; pero en realidad él debe ser el centro de nuestra vida para que tengamos vida en abundancia. ¿Qué tan bien enfocada ha estado tu visión de Cristo esta semana, este mes, este año o esta década?

A veces, lo que desafía nuestro enfoque no es una distracción mundana. A veces, incluso los temas espirituales pueden ser una distracción de Jesús. Es fácil incluso para los fuertes quedar atrapados en los diferentes aspectos de la vida cristiana. Los cristianos se esfuerzan por mejorar la disciplina, aumentar el conocimiento de la Biblia, mejorar en rectitud y ser más efectivos. Sin duda, todas estas cosas son importantes, pero son solo aspectos de nuestro caminar y deben entenderse y practicarse en el contexto de fijar nuestra mirada espiritual en Jesús y seguirlo. Algunos, en su esfuerzo por legitimar su fe, convierten la religión en una filosofía de abnegación o autodisciplina. Otros se pierden en la búsqueda de la "realización personal" espiritual y de ser "lo mejor" o ser "bendecidos". Sin un enfoque en Jesús, el "poder de una vida indestructible" (Hebreos 7) es un espejismo. Ese poder solo viene de seguir a Jesús. Existen versiones improductivas e insatisfactorias del cristianismo por culpa de aquellos que practican celosamente la religión sin que Jesús sea el centro de su vida. Llenan las iglesias con personas que aparentan ser felices y tener el control, pero que sufren casi las mismas derrotas que el resto del mundo. No conocen el poder de la vida cristiana porque no conocen al verdadero Cristo, que es Jesús. Él es la "piedra angular" por la cual todo debe ser alineado y medido (1 Pedro 2:7). Él es el "fundamento" sobre el cual debemos edificar nuestra vida (1 Corintios 3:11). La religión solo es correcta cuando está en línea con Jesús. Por lo tanto, centremos nuestros pensamientos en él.

En el versículo 2, Jesús es proclamado como fiel, así como Moisés fue fiel. Moisés es el héroe y fundador del judaísmo. Es el gran legislador de quien el judaísmo recibe su identidad. Escuchar que alguien mucho mayor que Moisés había venido a Israel serían palabras que provocarían peleas en la mayoría de los judíos; sin embargo, Jesús se presenta aquí como muy superior a Moisés. El erudito N.T. Wright describe la relación entre Moisés y Jesús no tanto como una rivalidad, sino más bien como un equipo de jugadores de una escuela secundaria local frente a un equipo de jugadores profesionales con clasificaciones a nivel nacional. Si una persona apoya a su equipo local, no significa que no apoyará también al equipo de nivel profesional. Pero entre los dos, no hay competencia. ¡Moisés y Jesús son héroes, pero no están en la misma liga!

Es inspirador considerar el hecho de que Moisés y Jesús son milagrosamente similares entre sí y, al mismo tiempo, Jesús es infinitamente mayor que Moisés. ¿Cómo se las arregló Dios para hacer realidad ambas cosas? Dios le dijo a Moisés que levantaría uno similar a él.

> *Y me dijo el SEÑOR: "Está bien lo que ellos dicen. Por eso levantaré entre sus hermanos un profeta como tú; pondré mis palabras en su boca, y él les dirá todo lo que yo le mande. Si alguien no presta oído a las palabras que el profeta proclame en mi nombre, yo mismo le pediré cuentas". (Deuteronomio 18:17-19)*

Aquí vemos la advertencia, quince siglos antes de que se escribiera Hebreos, de que es mejor que fijemos nuestros pensamientos en Jesús. Analiza las formas en que Jesús es como Moisés y, al mismo tiempo, es mucho mayor que él. ¡Verdaderamente Moisés es el tipo y Jesús es el antitipo![4]

1. El faraón tuvo la loca premonición de que un bebé hebreo lo reemplazaría en su trono. No sabía a qué niño judío matar, así que decidió matar a todos los bebés varones judíos. Sin embargo, Dios salvó a Moisés del faraón. De manera similar, el rey Herodes tuvo la premonición aparentemente irrazonable de que un bebé judío lo reemplazaría en su trono. No sabía a qué niño judío matar, así que decidió matar a todos los bebés varones judíos de la región alrededor de Belén. Sin embargo, Dios salvó a Jesús de Herodes.

2. El pueblo de Dios fue esclavizado. Dios envió un salvador para liberar a su pueblo del cautiverio. La primera vez que hizo esto, el salvador fue Moisés; la segunda vez fue Jesús.

3. Moisés salió del palacio, donde estaba a la diestra del faraón, para

poder liberar al pueblo de Dios. Jesús dejó el cielo, donde estaba a la diestra del Padre, para poder liberar al pueblo de Dios (Filipenses 2:6-7).

4. Dios llamó a Moisés de Egipto para que pudiera salvar a su pueblo. Dios llamó a Jesús de Egipto para que pudiera salvar a su pueblo (Oseas 11:1 – "De Egipto llamé a mi hijo").

5. Moisés salió al desierto durante cuarenta años a fin de prepararse para su ministerio de salvar al pueblo de Dios. Jesús salió al desierto durante cuarenta días a fin de prepararse para su ministerio de salvar al pueblo de Dios. Jesús necesitaba mucha menos preparación, pero después de todo, es el Hijo de Dios.

6. Aarón habló, preparando el camino para Moisés. Juan el Bautista habló, preparando el camino para Jesús.

7. Israel fue bautizado en Moisés en el Mar Rojo, momento en el cual dejaron Egipto y la esclavitud. Somos bautizados en Cristo, momento en el cual dejamos atrás el mundo y nuestra esclavitud al pecado (1 Corintios 10:1-2).

8. Dios le habló a Moisés en el Monte Sinaí. Dios le habló a Jesús en el Monte de la Transfiguración, y adivinen quién estaba allí con él: ¡Moisés!

Verdaderamente, Jesús es como Moisés, pero analiza las formas en que Jesús es muy superior en estatus a Moisés.

1. Moisés salvó al Israel físico de la esclavitud física en el Egipto físico. Jesús salva al Israel espiritual de la esclavitud espiritual en el Egipto espiritual. El primer efecto es temporal, el segundo eterno.

2. Moisés recibió la ley. Jesús *es* la ley.

3. Moisés les dio pan que mantuvo físicamente vivo a Israel (en realidad, Dios les dio pan). Jesús es el pan del cielo que nos mantiene espiritualmente vivos y que nos da vida eterna (Juan 6:25-59).

4. Moisés les dio agua (en realidad, Dios les dio agua). Jesús da el agua que brota para la vida eterna: el Espíritu Santo (Juan 7:37-39, 4:14).

5. Moisés era un siervo en la casa de Dios (Números 12:6-7; Hebreos 3:5). Jesús construyó la casa de Dios (Hebreos 3:3).

6. Moisés fue un siervo fiel en toda la casa de Dios (Números 12:7), pero Jesús es fiel como Hijo al frente de la casa de Dios (Hebreos 3:6).

Dios les está diciendo a los judíos que, no importa cuán grande haya sido Moisés, y realmente fue grande, es hora de prestar atención a aquel de quien él era meramente un tipo. Fijemos nuestros ojos en (prestemos toda nuestra atención a) Jesús, el antitipo (aquello que es representado por el tipo).

En Hebreos 3:6 Dios deja en claro que el hecho de que seamos parte de la familia o "casa" de Dios —un punto de orgullo e identidad muy judío— depende completamente de permanecer fieles a Jesús hasta el final. ¡Abandona a Jesús y lo perderás todo! Decidamos aquí y ahora que fijaremos nuestros pensamientos en Jesús, el iniciador y perfeccionador de nuestra fe.

Notas _____

4. Un tipo es una persona o cosa considerada como el símbolo de alguien o algo que aún está por aparecer. Un antitipo es lo que corresponde a, o es presagiado en, el tipo.

Capítulo 6

Exhortación #2: Esforcémonos
Hebreos 3:7-4:13

Estamos a punto de recibir nuestra segunda de las cinco grandes exhortaciones en Hebreos. Realmente, es a la vez una advertencia y una amonestación. Se nos advierte que no caigamos en la incredulidad (Hebreos 3:7-19) y se nos exhorta a esforzarnos por entrar en el descanso eterno prometido (Hebreos 4:1-13).

Por eso, como dice el Espíritu Santo:

«Si ustedes oyen hoy su voz,
no endurezcan el corazón
como sucedió en la rebelión,
en aquel día de prueba en el desierto.
Allí sus antepasados me tentaron y me pusieron a prueba,
a pesar de haber visto mis obras cuarenta años.
Por eso me enojé con aquella generación,
y dije: "Siempre se descarría su corazón,
y no han reconocido mis caminos".
Así que, en mi enojo, hice este juramento:
"Jamás entrarán en mi reposo"».

Cuídense, hermanos, de que ninguno de ustedes tenga un corazón pecaminoso e incrédulo que los haga apartarse del Dios vivo. Más bien, mientras dure ese «hoy», anímense unos a otros cada día, para que ninguno de ustedes se endurezca por el engaño del pecado. Hemos llegado a tener parte con Cristo, con tal que retengamos firme hasta el fin la confianza que tuvimos al principio. Como se acaba de decir:
«Si ustedes oyen hoy su voz,
no endurezcan el corazón
como sucedió en la rebelión». (Hebreos 3:7-15)

Para emitir esta severa advertencia de Dios, el escritor usa el Salmo 95 para crear una analogía de la historia del pueblo de Dios: su escape de la esclavitud en Egipto, su vagar por el desierto durante cuarenta años y su eventual entrada en la tierra prometida. En esta metáfora extendida, nuestra vida como cristianos se compara con la generación que salió de Egipto y vagó por el desierto.[5] Hay varias comparaciones que hacer. Al igual que Israel, todos nosotros estuvimos alguna vez esclavizados en nuestro propio Egipto espiritual debido a nuestros pecados. Así como Moisés liberó al pueblo de Dios, nosotros hemos sido liberados de nuestra esclavitud espiritual por el segundo Moisés, Jesús. Nosotros también estamos siendo probados en el desierto. También nos aferramos a la esperanza de entrar en nuestro descanso eterno en la tierra prometida. La vida cristiana es un largo viaje con muchos períodos de prueba. Los destinatarios originales de esta carta también estaban pasando por su tiempo de prueba, ya que enfrentaban grandes dificultades. Se avecinaba una nueva persecución. A pesar del hecho de que la mayoría de quienes leeremos esto nunca enfrentaremos el mismo nivel de desafíos vividos por los primeros cristianos hebreos, tenemos nuestros desafíos al encontrar muchas pruebas y tentaciones en la vida. Esta sección nos advierte de que podríamos terminar como aquellos que vagaron por el desierto. Podemos ser rescatados de nuestra vida de pecado, pero podemos caer en un desierto y nunca entrar en la tierra prometida. Esta es la advertencia de Hebreos 3:7-4:11.

Presagios del tiempo de Moisés cumplidos en la vida cristiana	
Presagio del Antiguo Testamento	*Equivalente del Nuevo Testamento*
La esclavitud en Egipto	Esclavitud al pecado (antes del bautismo)
Vagar en el desierto	Vida de un discípulo de Jesús
Entrar en la tierra prometida	Entrar en el cielo

La vida cristiana es una propuesta de "todo o nada". No podemos vivirla a medias y pretender todavía experimentar sus grandes victorias y beneficios. Se nos advierte que no endurezcamos nuestros corazones durante el tiempo de prueba. Cuando somos probados, por lo general, somos tentados a desesperarnos o enojarnos con Dios. A veces, incluso cuestionamos a Dios. Es difícil mantenerse fiel hasta el final, pero es un requisito para nuestra salvación final (3:14). ¿Cómo respondes cuando los tiempos son difíciles? ¿Cuál es tu actitud hacia Dios cuando las cosas van mal? ¿Cómo manejas el sufrimiento como cristiano? Las respuestas a estas preguntas revelan nuestro nivel de fe y compromiso con Dios. La victoria siempre llega al final de la prueba si nos mantenemos fieles hasta el final, pero si cedemos a la desesperación o renunciamos, nos privamos de las victorias que tenemos por delante.

Los hebreos rescatados de Egipto se impacientaron y se enojaron, y finalmente juzgaron a Dios. Lo juzgaron injustamente, porque no pudieron ver su plan a largo plazo y optaron por no confiar en sus promesas. Fue una gran tragedia que a pesar de ver tantos milagros todavía dudaran de él. En muchos sentidos, la fe es el mayor determinante del fracaso o éxito de una persona en la vida. Una persona puede tener muy pocas posesiones, pero con mucha fe, esas pocas pueden convertirse en grandes bendiciones. Otra persona puede empezar con muchas bendiciones, pero por tener poca fe puede perderlo todo. La fe revela lo que realmente le importa a una persona. Casi todos buscan riquezas, creyendo que les traerán felicidad. Aunque como cristianos sabemos que no es cierto, todavía es difícil pensar y vivir de otra manera. Por otro lado, la fe trae contentamiento, pero también puede ser un camino doloroso con muchas luchas. La fe da la fuerza necesaria para llegar hasta la victoria. Sin ella, no hay manera de tener éxito en la vida con todos sus desafíos.

Jesús dedicó gran parte de su tiempo a enseñar a sus seguidores a ser hombres y mujeres de fe, a confiar en él como confiaban en Dios. Muchas parábolas y situaciones fueron lecciones sobre una fe que confía en el Padre a pesar de las dificultades. Estaban los cinco mil y cuatro mil que necesitaban ser alimentados, y, sin embargo, sobraron doce y siete canastas respectivamente, las que fueron recogidas por los apóstoles. Estaba la gran tormenta y Jesús caminando hacia ellos sobre el agua. Así como Jesús advirtió que no debemos juzgarnos unos a otros demasiado rápido (Mateo 7:1-2), Pablo advirtió que no juzguemos las situaciones antes del tiempo señalado (1 Corintios 4:5). Dios trabaja para nuestro beneficio siempre. Eso no significa que elimina los obstáculos o el sufrimiento de nuestro camino. Nuestro mundo está maldito y caído. Por lo tanto, podemos esperar tener problemas y dificultades. Este será especialmente el caso cuando nos propongamos vivir correctamente. Dios es capaz de obrar en cualquier situación, por difícil o imposible que parezca, pero todo depende de la fe. El Padre trabaja a través del tiempo y rara vez se ciñe a nuestros horarios. Siempre debemos tener paciencia y confiar en él. Nuestra necesidad de confiar en Dios y confiar en su tiempo a pesar de las apariencias se ilustra con lo siguiente:

La sabiduría del leñador

Había una vez un anciano que vivía en un pequeño pueblo. Aunque pobre, era envidiado por todos porque poseía un hermoso caballo. Incluso el rey codiciaba su tesoro.

Jamás se había visto un caballo así, tal era su esplendor, su majestuosidad y su fuerza. La gente ofrecía precios fabulosos por el corcel, pero el anciano siempre se negaba.

Una mañana descubrió que el caballo no estaba en el establo. Todo el pueblo vino a verlo. "Viejo tonto", se burlaron: "te dijimos que alguien te robaría el caballo. Te advertimos que te robarían. Eres tan pobre. ¿Cómo podrías esperar proteger a un animal tan valioso? Hubiera sido mejor que lo hubieras vendido. Podrías haber obtenido el precio que quisieras. Ninguna cantidad hubiera sido demasiado alta. Ahora el caballo se ha ido y tú has sido maldecido con la desgracia".

El anciano respondió: "No hables demasiado rápido. Digan solo que el caballo no está en el establo. Eso es todo lo que sabemos; el resto es juicio. Ya sea que haya sido maldecido o no, ¿cómo pueden saberlo? ¿Cómo pueden juzgar?".

La gente del pueblo se rio. Pensaron que el hombre estaba loco. Siempre habían pensado que era un tonto; si no lo fuera, habría vendido el caballo y vivido del dinero.

Después de quince días, el caballo regresó. No lo habían robado; se había escapado al bosque. No solo había regresado, sino que había traído consigo una docena de caballos salvajes. Una vez más, la gente del pueblo se reunió alrededor del leñador y hablaron. "Viejo, tú tenías razón y nosotros éramos los equivocados. Lo que pensamos que era una maldición fue una bendición. Por favor, perdónanos".

El hombre respondió: "Una vez más, van demasiado lejos. Solo digan que el caballo ha vuelto. Solo digan que una docena de caballos regresaron con él, pero no juzguen. ¿Cómo saben si esto es una bendición o no?".

El anciano tenía un hijo, un único hijo. El joven comenzó a domar los caballos salvajes. Después de unos días, se cayó de uno de los caballos y se rompió ambas piernas. Una vez más, los aldeanos se reunieron alrededor del anciano y emitieron sus juicios.

"Tenías razón", dijeron. "Se ha demostrado que tienes razón. La docena de caballos no fueron una bendición. Eran una maldición. Tu único hijo se ha roto las piernas y ahora, en tu vejez, no tienes a nadie que te ayude. Ahora eres más pobre que nunca".

El anciano volvió a hablar. "Están obsesionados con juzgar. No vayan tan lejos. Digan solo que mi hijo se rompió las piernas. ¿Quién sabe si es una bendición o una maldición?".

Dio la casualidad de que unas semanas más tarde el país entró en guerra contra un país vecino. Todos los jóvenes del pueblo debían alistarse en el ejército. Solo se excluyó al hijo del anciano, porque estaba herido. Una vez más la gente se reunió alrededor del anciano, llorando y gritando porque se habían llevado a sus hijos.

"Tenías razón, viejo", lloraban. "Dios sabe que tenías razón. Esto lo prueba. El accidente de tu hijo fue una bendición. Puede que tenga las piernas rotas, pero al menos está contigo. Nuestros hijos se han ido para siempre".

El anciano volvió a hablar. "Es imposible hablar con ustedes. Siempre sacan conclusiones sobre cosas que nadie sabe. Digan solo esto: 'Nuestros hijos tuvieron que ir a la guerra, pero el tuyo no'. Nadie sabe si es una bendición o una maldición. Nadie es lo suficientemente sabio para saber. Solo Dios sabe".

En Hebreos 3:7-15 aprendemos que la responsabilidad de permanecer fieles, de no endurecer nuestro corazón, recae sobre nosotros como cuerpo. Debemos asegurarnos de que ninguno de nosotros tenga un corazón duro. Si queremos lograrlo, necesitaremos darnos y recibir mucho ánimo los unos de los otros. No podemos hacer esto solos. Somos los centinelas de nuestros hermanos y hermanas. ¿Cuánto y con qué frecuencia necesitamos estímulo para seguir caminando en la fe? Siempre y cuando se llame "hoy". Hasta donde sabemos, siempre se llama hoy.

Ahora bien, ¿quiénes fueron los que oyeron y se rebelaron? ¿No fueron acaso todos los que salieron de Egipto guiados por Moisés? ¿Y con quiénes se enojó Dios durante cuarenta años? ¿No fue acaso con los que pecaron, los cuales cayeron muertos en el desierto? ¿Y a quiénes juró Dios que

jamás entrarían en su reposo, sino a los que desobedecieron?
Como podemos ver, no pudieron entrar por causa de su
incredulidad. (Hebreos 3:16-19)

La severa advertencia desde la perspectiva de Dios se comprende a cabalidad al tenerse en cuenta que el hecho de que alguien sea elegido no le garantiza un lugar con él. La gran mayoría en el mundo cristiano evangélico de hoy cree que una vez que somos salvos, nunca perderemos nuestra herencia con Dios. Esta es la doctrina a veces llamada "una vez salvo, siempre salvo" que presentamos anteriormente. El escritor de Hebreos deja muy claro en muchas afirmaciones de que esto no es real a la luz de las Escrituras. Como se dice en el versículo 14, llegaremos a ser partícipes de Cristo solo si mantenemos nuestro compromiso original. Lo contrario es esto: si no mantenemos firmemente hasta el final nuestra confesión original de Cristo, no seremos partícipes de él. La incredulidad puede hacer que cualquiera pierda su lugar con Dios. Los versículos 16 al 19 comparan a los que no logran vivir la vida cristiana con los que murieron en el desierto por su falta de fe. Se deja en claro que esto también nos puede pasar a cualquiera de nosotros si caemos en la "incredulidad" respecto a las promesas y el poder de Dios. Piénsalo. Medita en esta imagen. De los que salieron de Egipto y se salvaron al pasar por el Mar Rojo y ser bautizados en Moisés, ¿cuántos de ellos llegaron a la tierra prometida? La respuesta: ¡no muchos! Esta es una fuerte advertencia para nosotros, y es mejor que prestemos atención.

De Santiago 2:14-26 aprendemos que una fe genuina y salvadora es una fe que obra. De Hebreos aprendemos que una fe genuina y salvadora es una fe constante. También aprendemos que una fe salvadora es una fe obediente. Toma nota que tanto en Hebreos 3:18-19 como en Hebreos 4:2, la fe y la obediencia se tratan como sinónimos. ¿Será que no pudieron entrar por su desobediencia (v. 18) o por su falta de fe (v. 19)? ¡La respuesta es que fue por ambas razones! Estas son dos caras de la misma moneda. Si vamos a llegar a la tierra prometida, debemos continuar caminando por fe, una fe obediente.

Si esta advertencia fuera toda la historia, nos dejaría desanimados, ¿no es así? Afortunadamente, Dios sigue la severa advertencia de vigilar nuestro corazón con una exhortación sobre lo que podemos hacer para no caer "muertos en el desierto" y así estar seguros de que entraremos al descanso final en el cielo. ¡Alabado sea Dios por eso!

Cuidémonos, por tanto, no sea que, aunque la promesa

de entrar en su reposo sigue vigente, alguno de ustedes parezca quedarse atrás. Porque a nosotros, lo mismo que a ellos, se nos ha anunciado la buena noticia; pero el mensaje que escucharon no les sirvió de nada, porque no se unieron en la fe a los que habían prestado atención a ese mensaje. En tal reposo entramos los que somos creyentes, conforme Dios ha dicho:

«Así que, en mi enojo, hice este juramento:
"Jamás entrarán en mi reposo"».

Es cierto que su trabajo quedó terminado con la creación del mundo, pues en algún lugar se ha dicho así del séptimo día: «Y en el séptimo día reposó Dios de todas sus obras». Y en el pasaje citado también dice: «Jamás entrarán en mi reposo».

Sin embargo, todavía falta que algunos entren en ese reposo, y los primeros a quienes se les anunció la buena noticia no entraron por causa de su desobediencia. Por eso, Dios volvió a fijar un día, que es «hoy», cuando mucho después declaró por medio de David lo que ya se ha mencionado:

«Si ustedes oyen hoy su voz,
no endurezcan el corazón».

Si Josué les hubiera dado el reposo, Dios no habría hablado posteriormente de otro día. Por consiguiente, queda todavía un reposo especial para el pueblo de Dios; porque el que entra en el reposo de Dios descansa también de sus obras, así como Dios descansó de las suyas. Esforcémonos, pues, por entrar en ese reposo, para que nadie caiga al seguir aquel ejemplo de desobediencia. (Hebreos 4:1-11)

En esta sección tenemos un resumen y un comentario sobre la segunda advertencia. Esta sección es muy emotiva. El escritor nos ruega que nos aferremos a las promesas de Dios. Comienza con el recordatorio de que esta promesa sigue en pie y, por lo tanto, debemos aguantar y no quedarnos cortos en nuestro esfuerzo por alcanzar la meta. La palabra para "cuidémonos" es *phobethomen,* que significa tengamos miedo. La ironía es que después de habernos dicho muchas veces que no cedamos al miedo, sino que seamos fieles, ahora se nos dice a qué temer. Nuestro temor debe referirse a que se nos encuentre en el estado de ser infieles y perder la promesa. El escritor nos recuerda que tenemos el mismo Dios y promesas similares a las que tenían los judíos mientras vagaban por el desierto. Como ellos esperaban entrar en la tierra prometida, nosotros esperamos entrar en el cielo. Deberíamos ser como Josué y Caleb, quienes nunca dudaron de Dios y fueron los únicos de su generación que entraron a la tierra prometida. Se dijo de Caleb: "En cambio, a mi siervo Caleb, que ha mostrado una actitud diferente y me ha sido fiel, le daré posesión de la tierra que exploró, y su descendencia la heredará" (Números 14:24).

Josué y Caleb confiaron en Dios. Cuando llegó el informe negativo y aterrador de los otros diez que espiaron la tierra prometida, Josué y Caleb quisieron entrar a pesar de la posible oposición, ya que confiaban en Dios. Ellos fueron los que obedecieron al Señor. La obediencia del corazón nace siempre de la fe. El miedo es el enemigo de la fe. Expulsa la fe del corazón. Un corazón lleno de miedo no puede reunir el coraje o la fuerza necesarios para obedecer a Dios, especialmente en tiempos difíciles. No debemos temer lo que el mundo pueda hacernos. ¿A quién debemos temer? "Les voy a enseñar más bien a quién deben temer: teman al que, después de dar muerte, tiene poder para echarlos al infierno. Sí, les aseguro que a él deben temerle" (Lucas 12:5). Al único que debemos temer es a Dios. El mensaje de Dios debe escucharse con fe, o de lo contrario suena irrazonable, incluso imposible.

El final del largo y arduo viaje de los hebreos fue el descanso en la tierra prometida. Pero esto requería mantener la fe en el camino. También requería hacer todos los esfuerzos. Sin fe, ni ellos ni nosotros entraremos jamás en el descanso eterno de Dios. Una vez más, el Salmo 95 nos advierte que no dejemos que nuestro corazón se endurezca. Se nos recuerda que debemos mantener nuestros corazones suaves y abiertos a Dios. Se nos recuerda que él no dará descanso a los incrédulos.

Pero Dios tiene reservado para nosotros un descanso maravilloso y largamente anticipado. "Por consiguiente, queda todavía un reposo especial para el pueblo de Dios" (v. 9). Cuando entremos en el descanso de Dios, descansaremos de nuestras obras (v. 10). Tenemos una gran recompensa que Dios ha preparado para nosotros. Vale la pena. ¿Puedes sentir esa línea de meta? ¿Cómo lo haremos? ¿Cómo entraremos?

En el versículo 11 tenemos la segunda exhortación resumida en esto: "Esforcémonos, pues, por entrar en ese reposo". ¿Cómo llegaremos a nuestra tierra prometida, al lugar donde Dios tiene reservado un descanso eterno para nosotros? Tenemos que hacer todo el esfuerzo. ¿Qué tan duro debemos trabajar para servir a Dios? Tan duro como podamos. ¿Es esta salvación por obras? No, son las obras las que están motivadas por nuestra salvación, porque ya somos salvos. Amamos porque él nos amó; el amor de Cristo nos obliga (2 Corintios 5:14). Nunca podemos dormirnos en los laureles; no hay vacaciones cristianas. Josué no le dio descanso a Israel. Tampoco podemos descansar hasta que terminemos nuestro andar cristiano. No podemos dejar de ser espirituales o de confiar en Dios. Nuestro viaje no termina hasta que termina. Esperamos con ansias ese día en que Dios nos dirá: "¡Hiciste bien, siervo bueno y fiel! [...] ¡Ven a compartir la felicidad de tu señor!" (Mateo 25:23). ¿Te imaginas ese día ahora mismo? ¿Puedes sentir que Dios te dice: "Bien hecho"? Hermanos y hermanas, ese día aún no ha llegado, así que sigamos caminando en una fe obediente y hagamos todo lo posible. Si lo hacemos, podemos estar seguros de que llegará nuestro día de descanso. ¡Y qué fabuloso día será ese!

> *Ciertamente, la palabra de Dios es viva y poderosa, y más cortante que cualquier espada de dos filos. Penetra hasta lo más profundo del alma y del espíritu, hasta la médula de los huesos, y juzga los pensamientos y las intenciones del corazón. Ninguna cosa creada escapa a la vista de Dios. Todo está al descubierto, expuesto a los ojos de aquel a quien hemos de rendir cuentas. (Hebreos 4:12-13)*

El cierre de este argumento sobre la fe y el descanso termina con un comentario final sobre la palabra de Dios. La audiencia judía cristiana de Hebreos sabe que la palabra de Dios es sagrada y debe ser obedecida pase lo que pase. Tal vez pudieran cuestionar la validez de las fuertes advertencias del predicador con respecto a sus vidas, pero nadie podía dudar de la palabra de Dios. Los argumentos presentados en el libro de Hebreos están respaldados por una gran confianza en el Antiguo Testamento. Nadie puede dudar de las consecuencias para el pueblo de Dios por su desobediencia en el desierto. El escritor aclara a sus oyentes que las advertencias y exhortaciones no son suyas, sino que provienen directamente del texto sagrado. Si tienen un problema es con Dios y su palabra, no con quien les predica. Les recuerda que el dolor que sienten es porque la Palabra es como una espada que corta.

Les recuerda que todos seremos juzgados por ella. Se nos recuerda que todos tendremos que dar cuenta de nuestras decisiones y acciones. ¡Estos son recordatorios poderosos!

Resumamos nuestra segunda advertencia. ¿Cómo podemos estar seguros de nuestra salvación, de entrar en nuestro descanso prometido con Dios?

1. Estate dispuesto a dar y a recibir todo el aliento que puedas por parte de nuestros compañeros de viaje por el desierto (Hebreos 3:12-13).

2. Vive una vida de fe y obediencia (Hebreos 3:16-19, 4:6).

3. ¡Teme lo correcto! Ten un sano temor de no quedar corto en tu esfuerzo por alcanzar la meta. (Hebreos 4:1-2).

4. No te detengas ni descanses. Sigue caminando. Haz todo el esfuerzo posible (Hebreos 4:8-11).

5. Deja que la palabra de Dios haga su trabajo. Escúchala. Deja que te afecte (Hebreos 4:12-13).

Notas _____

5. Esta metáfora también se usa en Judas 5 y 1 Corintios 10:1-12.

Capítulo 7

Jesús es mayor
que el sumo sacerdote

Hebreos 4:14-5:10

Por lo tanto, ya que en Jesús, el Hijo de Dios, tenemos un gran sumo sacerdote que ha atravesado los cielos, aferrémonos a la fe que profesamos. Porque no tenemos un sumo sacerdote incapaz de compadecerse de nuestras debilidades, sino uno que ha sido tentado en todo de la misma manera que nosotros, aunque sin pecado. (Hebreos 4:14-15)

Esta sección es una continuación de los pensamientos iniciados en Hebreos 2:10-18 acerca del ministerio y sacerdocio de nuestro salvador Jesucristo. El punto que el escritor de Hebreos está enfatizando es que Jesús es un sumo sacerdote muy superior a aquellos que asumieron este rol entre los judíos. En verdad, Jesús no es solo superior, es un sumo sacerdote perfecto para nosotros. ¡Y qué sumo sacerdote es él! Hablaremos sobre el sumo sacerdote en un momento, pero primero consideremos el papel de un sacerdote en general en todas las religiones, y más específicamente en el judaísmo.

¿Cuál es el papel de un sacerdote? En el Cercano Oriente, el papel de un sacerdote era representar al pueblo ante los dioses. La palabra latina para sacerdote es *pontifex,* que literalmente significa creador de puentes. El sacerdote era un puente que conectaba al pueblo con los dioses. El sacerdote o sacerdotisa debía hacer sacrificios en nombre de la gente común o realizar rituales para que las personas pudieran ser bendecidas por los dioses. El sacerdote ideal debía conocer la lengua del pueblo y también la "lengua" de los dioses. Los judíos, por supuesto, también tenían sus sacerdotes, y su papel entre el pueblo judío era similar al de los sacerdotes paganos (¡con la diferencia, por supuesto, de que se comunicaban con un Dios real!). Eran de la tribu de Leví y, más específicamente, eran descendientes de Aarón. En el judaísmo, el sacerdote era el intermediario que representaba al pueblo ante Yahvé. Entonces, el sacerdote es un puente, una conexión, un mediador, un intermediario. Para nosotros como humanos, un sacerdote es un medio de comunicación con alguien que es mucho más grande que nosotros para alabar a Dios y buscar su bendición. Los sacerdotes debían dedicarse de manera especial a adorar a Dios para que la gente pudiera prestar atención a las actividades más mundanas de la vida, tales como cultivar, comerciar, hacer la guerra o dedicarse a industrias prácticas. Es difícil dedicarse a las cosas de Dios y, a la vez, a las cosas cotidianas, por lo que el pueblo necesitaba sacerdotes para comunicar lo concerniente a Dios.

Nosotros también necesitábamos a alguien que hablara con Dios en nuestro nombre. Tal persona debe saber mucho de nosotros y mucho de Dios; debe poder hablar tanto el lenguaje de Dios como el lenguaje de los humanos. Seguramente, muchos de los hijos de Aarón tomaron en serio su papel e hicieron un trabajo bastante bueno. Pero ¿en qué grado es Jesús un sacerdote mayor? ¡De una manera incomparable lo es! Es indescriptiblemente superior a cualquier sacerdote que haya venido antes que él. Ciertamente conoce bastante bien las cosas de Dios, mucho mejor que los hijos de Aarón, ya que es el Hijo de Dios. Él puede representarnos ante Dios mucho mejor que cualquier levita . Después de todo, él era Dios hecho carne: "Y el Verbo se hizo hombre y habitó entre nosotros. Y hemos contemplado su gloria, la gloria que corresponde al Hijo unigénito del Padre, lleno de gracia y de verdad" (Juan 1:14). Jesús conoce perfectamente el lenguaje de Dios.

Pero eso no es todo. Ni siquiera está cerca de todo lo que implica. No solo puede representar perfectamente a Dios ante nosotros, sino que también puede representarnos perfectamente ante Dios. Lo que lo convierte en un gran sacerdote es que bajó del cielo y se hizo carne. Él puede identificarse con nosotros; puede mostrar empatía con nosotros porque ha pasado por todo lo que pasamos. La palabra griega para empatizar aquí es *sympatheo*. Literalmente, significa tocado con el mismo sentimiento. Jesús puede sentir junto con nosotros. Fue "tentado en todo de la misma manera que nosotros". Qué consuelo es eso. ¿Alguna vez has sentido que Dios está demasiado distante de ti, que no puede comprender el sufrimiento y la tentación que estás experimentando? Ciertamente, así es como los griegos se sentían acerca de sus dioses. Estaban muy alejados de los seres humanos. Ellos no podían identificarse con la gente y la gente no podía relacionarse con ellos. El sacerdocio de Jesús es más grande que cualquier cosa que los griegos pudieran siquiera concebir, pero también es mucho más grande que el sacerdocio que tenían los judíos.

¡Esta es una gran bendición para nuestras vidas! Recuerda que tienes al sacerdote perfecto, Jesucristo. Definitivamente puede relacionarse contigo. ¿Te sientes solo? Él puede identificarse; estás cubierto. ¿Te sientes tentado a arremeter contra quienes te lastiman, especialmente si son las personas más cercanas a ti, a quienes amas? Tu sacerdote Jesús puede relacionarse totalmente con tu situación. ¿Quieres tomar un descanso de tu trabajo, retirarte de la batalla y simplemente descansar? Jesús sabe lo que se siente. Él fue tentado con aquello de manera tan fuerte como tú. Tenemos un gran sumo sacerdote que ha subido al cielo. Bajó y se hizo como nosotros (¡excepto que no pecó!), pero ahora ha vuelto a subir, donde puede representar perfectamente tus necesidades, deseos y anhelos ante el Padre. ¡Qué increíble sacerdote es Jesús!

¿Cuál es la conclusión del asunto? "Así que acerquémonos confiadamente al trono de la gracia para recibir misericordia y hallar la gracia que nos ayude en el momento que más la necesitemos" (Hebreos 4:16). ¿Tienes alguna idea de lo extraordinario que es esto? Detente por un minuto y piensa en esto. Si estuviéramos inventando una religión a partir de nuestra propia imaginación, no podríamos haber soñado tal cosa. A través de nuestro sacerdote Jesús, podemos acercarnos al trono de Dios con confianza. Podemos acercarnos al Rey de todo el universo, al Creador de todo, con la plena confianza de que nos escuchará y nos responderá con misericordia y gracia. ¿Por qué? Porque tenemos un sacerdote que puede hablar ante el Padre por nosotros. Su nombre es Jesús. Los judíos no tenían nada ni remotamente parecido a esto. Para ellos, Jehová era un Dios al que debían temer y al que debían acercarse con gran respeto y temor, si es que lo hacían. Todos hemos tenido padres imperfectos, algunos peores que otros. Acudíamos a nuestro padre, o tal vez a nuestra madre, necesitando aliento o consuelo o simplemente un hombro sobre el que llorar, pero, todo lo contrario, nuestro padre no estaba allí o era duro o indiferente. Esto NUNCA sucederá cuando nos acerquemos al Padre a través del Hijo. Podemos acudir a él con nuestras necesidades en la mano, completamente vulnerables, y podemos hacerlo con confianza. Seremos escuchados y recibiremos misericordia. Ese es el tipo de sacerdote que tenemos.

Pero aquí nos estamos dejando llevar. Esta sección no se trata solo de los sacerdotes en general, se trata específicamente del sumo sacerdote. ¿Cuál era el papel del sumo sacerdote en el judaísmo? Era llevar a cabo la expiación anual por los pecados del pueblo.

> *Todo sumo sacerdote es escogido de entre los hombres. Él mismo es nombrado para representar a su pueblo ante Dios, y ofrecer dones y sacrificios por los pecados. Puede tratar con paciencia a los ignorantes y extraviados, ya que él mismo está sujeto a las debilidades humanas. Por tal razón se ve obligado a ofrecer sacrificios por sus propios pecados, como también por los del pueblo. (Hebreos 5:1-3)*

Como señala el escritor de Hebreos para aquellos de nosotros que no sabemos, el sumo sacerdote fue seleccionado de entre los hijos de Aarón para asumir un papel especial con una serie de responsabilidades. Para los judíos de Jerusalén en la época de Jesús bajo los romanos, el sumo sacerdote tenía una importante función política además de religiosa. Pero no es su papel político lo que está a la vista aquí. Uno de los deberes del sumo sacerdote, como nos señala el escritor, era ofrecer con regularidad ofrendas y sacrificios en el templo de Jerusalén. Discutiremos sobre estos dones y sacrificios cuando lleguemos a Hebreos 8. Por ahora, consideremos el papel individual más importante que jugaba el sumo sacerdote, el que desempeñaba en el Día de la Expiación, Yom Kipur. Era en este día que se hacía la expiación por los pecados del pueblo para que pudieran rendir culto a Yahvé y para que Dios pudiera habitar entre ellos y pudieran ser su pueblo. Los pecados expiados por el sacrificio realizado en Yom Kipur eran aquellos cometidos por ignorancia, pecados involuntarios, no pecados deliberados. Hablaremos más sobre esta distinción en capítulos posteriores. En todo caso, la labor del sumo sacerdote era muy importante, por decir lo menos.

Diremos más sobre el papel del sumo sacerdote cuando lleguemos al capítulo 9 de Hebreos, pero para simplificar, en un día específico del año el sumo sacerdote llevaba a cabo un ritual cuidadosamente escrito. Toda la ceremonia se describe en Levítico 16:3-28. Primero, el sumo sacerdote se lavaba las manos y los pies en la fuente. Luego se cambiaba de ropa y se ponía una túnica perfectamente blanca. Luego, colocaba sus manos sobre un toro por el que había pagado y luego sacrificaba al toro en el altar del sacrificio por sus propios pecados. "Aarón presentará el novillo para su propio sacrificio expiatorio, y hará propiciación por él y por su familia. Degollará el novillo para su propio sacrificio expiatorio" (Levítico 16:11). La sangre de este sacrificio se rociaba alrededor del Lugar Santo, donde estaban los panes de la proposición y la menorá, que es donde también los demás sacerdotes hacían su servicio diariamente.

Habiendo hecho expiación por sus propios pecados, el sumo sacerdote llenaba un incensario grande con incienso, lo encendía, levantaba con cuidado una esquina de la cortina delante del Lugar Santísimo y colocaba el incensario dentro, según la instrucción dada: "Colocará entonces el incienso sobre el fuego, en presencia del Señor, para que la nube de incienso cubra el propiciatorio que está sobre el arca del pacto. De esa manera Aarón no morirá" (Levítico 16:13). Imagina la escena aquí. El sumo sacerdote está a punto de entrar en el Lugar Santísimo para hacer expiación por los pecados del pueblo, pero primero debía llenar la habitación con un incienso tan espeso o denso que no pudiera ver su mano frente a su rostro. ¿Por qué? ¡Porque de lo contrario vería a Dios y moriría! ¿Crees que los sumos sacerdotes judíos sentían temor y pavor cuando pasaban detrás de la cortina? Apostemos que así era.

Ahora que todo estaba preparado, el sumo sacerdote sacrificaba un macho cabrío como ofrenda por el pecado del pueblo y mezclaba su sangre con la sangre del toro. Con mucho cuidado, descorría la cortina del Lugar Santísimo, entraba en la presencia misma de Dios y rociaba la sangre del sacrificio sobre el propiciatorio, que estaba encima del arca del pacto, entre los querubines. "Así hará propiciación por el santuario para purificarlo de las impurezas y transgresiones de los israelitas, cualesquiera que hayan sido sus pecados. Hará lo mismo por la Tienda de reunión, que está entre ellos en medio de sus impurezas" (Levítico 16:16). Se desarrolló una tradición entre los judíos en la que cuando el sumo sacerdote entraba en el Lugar Santísimo, se le ataba una cuerda alrededor del tobillo. Si algo le sucedía mientras estaba haciendo expiación por los pecados del pueblo, no se atreverían a entrar para recuperar su cuerpo. Lo sacarían por el tobillo. Únicamente cierto día en el año, y solo después de sacrificar un toro por su propio pecado y llenar el Lugar Santísimo con una espesa nube de incienso, el sumo sacerdote se atrevía a entrar al santuario interior por solo unos momentos para rociar sangre sobre el propiciatorio, e incluso entonces, solo si tenía una cuerda atada alrededor de su tobillo.[6]

¡Compara esto con el ministerio de nuestro gran y glorioso sumo sacerdote Jesús! Realmente, no hay punto de comparación, pero esto es lo que, de todos modos, el escritor de Hebreos hace por nosotros. Él hace un contraste entre Jesús y los sumos sacerdotes según el orden de Aarón. En cierto modo, Jesús se parecía mucho al sumo sacerdote. Como él, fue "escogido de entre los hombres" y los representó en asuntos relacionados con Dios. Por lo tanto, podía tratar con el pueblo con paciencia. La palabra griega traducida aquí como "tratar con paciencia" es similar a la traducida como "misericordia" en Hebreos 4:16. Es *metriopateo,* que literalmente significa afectar ligeramente. Significa mostrar compasión. Este sumo sacerdote nunca se irrita, incluso si lo molestas todo el tiempo. Él no te trata con impaciencia incluso cuando tus motivos no son puros. No te trata como merecen tus pecados (Salmos 103:10), eso es seguro.

Pero hay más cosas que diferencian a Jesús como sumo sacerdote que aspectos que lo hacen similar, como nos señala el escritor de Hebreos.

1. **A diferencia de los sumos sacerdotes judíos, Jesús no tenía pecado (Hebreos 4:15, 5:3).**

2. **Jesús sirve en un tabernáculo más excelente, aquel perfecto en el cielo (Hebreos 4:14, 9:11).**

3. **Jesús es sacerdote para siempre. Él no muere ni es reemplazado** (Hebreos 5:6).

4. **Jesús es sacerdote según el orden de Melquisedec, no de Aarón** (Hebreos 5:6, 10).

Los sumos sacerdotes judíos tenían que ofrecer sacrificios por sus propios pecados (5:3). No ocurría así con Jesús. Podía saltarse los primeros pasos en la ceremonia de Yom Kipur. Y no necesitamos celebrar elecciones periódicas para mantener ocupado el cargo de sumo sacerdote. Jesús es sacerdote para siempre. No sirve en un santuario que se desgaste y necesite reparaciones ocasionales, como ocurría con el tabernáculo y, más tarde, el templo. No, él sirve en un tabernáculo perfecto e inmutable, el celestial. Podemos sentirnos totalmente confiados yendo a este sumo sacerdote, ¿no es así?

Y, por cierto, Jesús no está en el orden de Aarón. Él está en el orden de Melquisedec, y ese es un orden mucho mayor en cuanto a sacerdotes. Esto será discutido en gran detalle después de nuestra próxima pequeña exhortación, y necesitamos esta exhortación antes de pasar al tema de Melquisedec.

A pesar de su posición exaltada, Jesús es un sumo sacerdote humilde. Él no asumió la posición exaltada por su cuenta ni tomó el honor sobre sí mismo, sino que se lo dio su Padre, así como Aarón fue elegido por Dios. Fue hecho sacerdote, no se nombró a sí mismo.

> *Nadie ocupa ese cargo por iniciativa propia; más bien, lo ocupa el que es llamado por Dios, como sucedió con Aarón. Tampoco Cristo se glorificó a sí mismo haciéndose sumo sacerdote, sino que Dios le dijo:*
> > *«Tú eres mi hijo;*
> > *hoy mismo te he engendrado».*
> *Y en otro pasaje dice:*
> > *«Tú eres sacerdote para siempre,*
> > *según el orden de Melquisedec». (Hebreos 5:4-6)*

Jesús está sirviendo ahora como sumo sacerdote en los cielos, intercediendo por nosotros en la sala del trono de Dios. Pero comenzó su ministerio sacerdotal cuando aún estaba bajo su condición humana. Hizo las cosas que un sumo sacerdote debe hacer. "En los días de su vida mortal, Jesús ofreció oraciones y súplicas con fuerte clamor y lágrimas al que podía salvarlo de la muerte, y fue escuchado por su reverente sumisión" (Hebreos 5:7). En el Huerto de Getsemaní Jesús lloró con gran angustia por sí mismo, pero como lo haría un gran sumo sacerdote, se sometió por nuestro bien a la voluntad del Padre, hasta la muerte, y muerte de cruz.

Jesús fue tan humilde que, a pesar de poseer la gloria del Hijo de Dios, aprendió la obediencia soportando el sufrimiento: "Aunque era Hijo, mediante el sufrimiento aprendió a obedecer; y, consumada su perfección, llegó a ser autor de salvación eterna para todos los que le obedecen" (Hebreos 5:8-9).

Él "aprendió", no porque no supiera lo que significara obedecer y necesitara información sobre esto sino en el sentido de que experimentó el dolor y la angustia que sobreviene en los pecadores debido a su desobediencia. En otras palabras, aprendió cómo es para nosotros los humanos sufrir las consecuencias de nuestros pecados, aunque él mismo no pecó. Él "fue contado entre los transgresores" (Isaías 53:12), aunque no es un transgresor. Así de estupendo es Jesús como sumo sacerdote . Voluntariamente se permitió ser considerado un pecador y pasar por lo que pasan los pecadores, aunque nunca pecó. De manera similar, Jesús fue bautizado porque "nos conviene cumplir con lo que es justo" (Mateo 3:15). En otras palabras, Jesús, como nuestro sumo sacerdote, experimentó todo lo que los pecadores deben experimentar, incluido el bautismo por el cual debemos pasar.

Y así Jesús fue hecho, no solo un sumo sacerdote superior, sino uno perfecto. Era perfecto, no en el sentido de estar sin pecado (¡aunque Jesús ciertamente no tenía pecado!). Era perfecto (griego: *teleon*) en el sentido de estar completo. Antes de encarnarse, tenía suficiente conocimiento de Dios, por supuesto, pero aún no estaba completo. Él no conocía nuestro "lenguaje" humano. Un sumo sacerdote perfecto conoce el lenguaje de Dios y de aquellos a quienes ministra ante Dios. Cuando Jesús vino como humano y sufrió todo lo que nosotros sufrimos, llegó a ser completo como sumo sacerdote, perfecto en su deidad y en su humanidad. El resultado tiene grandes implicaciones para nosotros: cuando Jesús se completó a través del sufrimiento, se convirtió en la fuente de salvación para todos los que le obedecen. ¡Gracias, sacerdote Jesús! El escritor de Hebreos lo resume de esta manera: "y Dios lo nombró sumo sacerdote según el orden de Melquisedec" (Hebreos 5:10). ¿Es este Melquisedec un poco misterioso para ti? No eres el único. Estamos a punto de adentrarnos en aguas bíblicas profundas aquí, razón por la cual el escritor de Hebreos primero debe darnos nuestra tercera advertencia.

Notas _____

6. En aras de la simplicidad, no incluimos el papel del chivo expiatorio en la ceremonia, aunque esta es una parte muy significativa e importante del ritual del Día de la Expiación. Se describe en Levítico 16:20-28.

Capítulo 8

Exhortación #3:
Avancemos hacia la madurez
Hebreos 5:11-6:12

El escritor de Hebreos realmente está a toda marcha. Está emocionado de ir avanzando para tratar los temas verdaderamente interesantes, las cosas profundas sobre la grandeza de Jesús. Pero tiene un problema: muchos de sus oyentes no están preparados para recibir enseñanzas sobre las cosas profundas de Dios. Necesitamos la tercera de nuestras cinco advertencias. Esta es una amonestación que no solo nos preparará para escuchar cosas profundas, sino que, si la aceptamos, nos ayudará a asegurar nuestra salvación, para que se realice plenamente aquello que esperamos (Hebreos 6:11). ¿Qué es lo que debemos hacer para estar seguros de nuestra salvación?

Sobre este tema tenemos mucho que decir aunque es difícil explicarlo, porque a ustedes lo que les entra por un oído les sale por el otro. En realidad, a estas alturas ya deberían ser maestros, y sin embargo necesitan que alguien vuelva a enseñarles las verdades más elementales de la palabra de Dios. Dicho de otro modo, necesitan leche en vez de alimento sólido (Hebreos 5:11-12)

In En otras palabras, ¡necesitamos CRECER! ¡Ay! Cuando nuestros padres o un maestro nos decían que maduráramos, no lo tomábamos como un halago, y no era pensado como tal. ¿Quién de nosotros quiere escuchar tal amonestación? Muchos de nosotros podemos recordar a nuestros padres advirtiéndonos: "Deja de actuar como un bebé". Escuchar esto significa que todavía estamos actuando como niños espirituales. Dios quiere que seamos como niños, pero no infantiles. Aunque algunos de nosotros somos cristianos desde hace muchos años, hemos dejado de crecer. Recordamos el pasado cuando crecíamos rápidamente, pero ello ya no ocurre en nuestras vidas. Algunos de nosotros incluso hemos retrocedido hasta el punto de que estamos detrás de donde estábamos hace varios años en aspectos importantes de nuestro caminar cristiano. ¡Qué lamentable estado para un discípulo de Jesús!

La palabra griega para "les entra por un oído les sale por el otro" aquí es *nothros*. Significa movimiento lento en la mente, torpe, olvidadizo sin sentido, sordo de oído. Significa que Dios te ha hablado a través de las Escrituras, a través de las prédicas y a través de tus consejeros espirituales, ¡y simplemente no lo estás captando! El tuyo es un caso de desarrollo detenido, un estancamiento. Eliges deliberadamente no buscar una comprensión más profunda. Eres un pasivo-agresivo espiritual. Eres como el médico que completó la escuela de medicina hace cincuenta años y no se molesta en mantenerse al día con los últimos avances médicos. ¿Te gustaría acudir a atenderte con un médico así?

Tú sabes que se dice: "Si no creces, estás retrocediendo". Y adivina qué, ¡es verdad! Se ha dicho: "Quien deja de crecer deja de ser bueno". ¿Esto aplica para ti? ¿De qué maneras eres un discípulo de Jesús más completo hoy que hace seis meses o dos años? ¿Puedes enumerar las áreas en las cuales has tenido crecimiento? ¿Puedes identificar las formas en que el Espíritu Santo te ha hecho llegar a ser más como Cristo? Si tienes dificultades para recordar áreas de crecimiento reciente, será mejor que escuches esta exhortación.

Si un bebé tiene un problema con el pañal, no nos preocupamos, pero si lo tiene un veinteañero, sí que nos preocuparemos mucho. Si un niño de seis meses no puede hablar, no es gran cosa, pero si un preadolescente tiene problemas para hablar, definitivamente lo enviaremos a un terapeuta del habla. ¿Cuál es tu expectativa personal para el crecimiento cristiano? ¿Hay señales de que necesitas un terapeuta espiritual? ¿Te has vuelto complaciente? ¿Consideras que ya es tiempo, hoy mismo, en este momento, de que vuelvas a crecer? El escritor de Hebreos sugiere dos áreas esenciales de crecimiento que debemos considerar. Aprovechemos la oportunidad para ver en qué nivel estamos en cuanto a estas áreas. Los asuntos en los que pensaremos son el conocimiento que tenemos de la palabra de Dios y nuestra rectitud. El crecimiento en el primero debería conducir al crecimiento en el segundo, pero podemos quedar estancados en cualquiera de los dos.

El que solo se alimenta de leche es inexperto en el mensaje de justicia; es como un niño de pecho. En cambio, el alimento sólido es para los adultos, para los que tienen la capacidad de distinguir entre lo bueno y lo malo, pues han ejercitado su facultad de percepción espiritual.

> *Por eso, dejando a un lado las enseñanzas elementales acerca de Cristo, avancemos hacia la madurez. No volvamos a poner los fundamentos, tales como el arrepentimiento de las obras que conducen a la muerte, la fe en Dios, la instrucción sobre bautismos, la imposición de manos, la resurrección de los muertos y el juicio eterno. Así procederemos, si Dios lo permite. (Hebreos 5:13-6:3)*

Pregúntate ahora mismo: *¿Cómo estoy creciendo en mi conocimiento de la palabra de Dios?* Si has sido cristiano durante diez, veinte o treinta años, debes tener una comprensión verdaderamente profunda de las Escrituras. A estas alturas, con suerte, habrás tenido quizás cinco o diez mil tiempos de quietud con Dios. ¿Qué has estado aprendiendo? ¿Tienes un plan? ¿O simplemente te basta con lo que escuchas y, simplemente, estudias la última lección que oíste en el servicio del domingo? ¿Qué libro de la Biblia has estudiado recientemente hasta el punto de conocerlo verdaderamente en profundidad, de modo que puedes explicar su bosquejo, tema, puntos principales, conexiones con otros pasajes y el significado de palabras importantes, para que puedas enseñar una clase profunda sin ayuda de apuntes, en cualquier momento? ¿Cuál de las grandes doctrinas cristianas o qué cualidades de Dios has estudiado con tanta profundidad bíblica que puedes decir con gran confianza que lo has interiorizado? Y no estamos hablando de lo que aprendiste hace ocho años. ¿Qué estás aprendiendo ahora? ¿Qué tal el libro de Oseas? ¿Podrías indicar el tema, y podrías decir de memoria qué pasaje contiene el tema principal de este libro? Si has sido cristiano quince años, seguro que puedes.

Como cuando éramos bebés espirituales, necesitamos desear con ansias "la leche pura de la palabra", para que por ella crezcamos en nuestra salvación (1 Pedro 2:2). Algunos de nosotros hemos estado viviendo de comida chatarra espiritual. Nos conformamos con comer algunas meriendas bíblicas pequeñas y siempre volvemos a las mismas escrituras que hemos usado durante años. Dios quiere hablarnos de la "sabiduría entre los que han alcanzado madurez"; sin embargo, nos atrae más la "sabiduría de este mundo [y] la de sus gobernantes" (1 Corintios 2:6). La meta de Dios para nosotros es que "todos llegaremos a la unidad de la fe y del conocimiento del Hijo de Dios, a una humanidad perfecta que se conforme a la plena estatura de Cristo" (Efesios 4:13). ¿Tienes este mismo deseo ferviente y profundo arraigado en tu interior?

Nuestra intención aquí no es hacer que nadie se sienta culpable. Esto tampoco es lo que pretende el escritor de Hebreos . Más adelante, en el capítulo 6, veremos que su objetivo al dar esta advertencia es que estemos animados y confiados en nuestra salvación, no desanimados. Él está tratando de ayudar a asegurar que lleguemos al cielo. Para mí (John), me puse la meta hace unos doce años de conocer cada libro de la Biblia en profundidad. Este es mi objetivo a largo plazo por ahora. Estoy a un poco más de la mitad del camino. Para lograrlo, tengo una meta a corto plazo para esta semana y una meta a mediano plazo para los próximos seis meses. En el proceso de seguir este plan, puedo asegurarles que he crecido tanto en mi conocimiento de la Biblia en los últimos tres años como nunca lo había hecho en algún periodo previo de tres años en mi caminar cristiano. Esto es como debería ser. El mandamiento más importante incluye que amemos a Dios con toda nuestra mente. Hagámoslo.

La otra área de crecimiento esperado en Hebreos 5 y 6 es la rectitud personal. Dios espera que crezcamos en conocimiento, pero también espera que crezcamos en cómo ponemos en práctica este conocimiento. Necesitamos un equilibrio saludable de los dos. Si crecemos solo en nuestro conocimiento de las Escrituras, pero no en nuestra práctica de la integridad personal, nos desequilibramos. Es difícil caminar con una pierna mucho más larga que la otra. Si queremos estar seguros de nuestra salvación (¿y quién no quiere eso?), entonces deberíamos esforzarnos por estar entre "los que tienen capacidad de distinguir entre lo bueno y lo malo, pues han ejercitado su facultad de percepción espiritual". Y no estamos hablando de lo básico aquí. El escritor espera que, hace mucho tiempo, hayamos dejado atrás esas "obras que conducen a la muerte". Es fantástico que hayas dejado de fumar antes de bautizarte, pero ya no recibes mucho crédito por el crecimiento en esa área. A estas alturas de tu vida, dejar de hablar obscenidades en tu conversación diaria no cuenta como pasar a la madurez.

Algunos de nosotros hemos sido consumidos por el mundo. En lugar de volvernos más sensibles al pecado, nos endurecemos por él. Las películas que nos molestaban hace diez años apenas nos molestan hoy. Como se declara en Hebreos 3:13, nos hemos endurecidos "por el engaño del pecado". Esto no está bien. El crecimiento en rectitud es el resultado natural del Espíritu Santo viviendo en nosotros, pero no sucede por accidente. Necesitamos *practicar* la integridad. Necesitamos luchar con todas nuestras fuerzas para adquirir hábitos piadosos. Necesitamos aprender a distinguir el bien del mal de maneras cada vez más sutiles. Debemos tener corazones más sensibles respecto al pecado y no ser personas con corazones más endurecidos al respecto.

Nota lo que el escritor nos dice que ganamos al ejercitar nuestra rectitud personal . Los músculos que reciben un uso constante crecen. A través del uso constante de nuestros cuerpos para, por ejemplo, conducir un automóvil o tirar una pelota de baloncesto, ganamos memoria muscular. Si nos hemos disciplinado una y otra vez, entonces cuando vemos a alguien vestido provocativamente, cuando surge una situación en la que sería fácil engañar o cuando se presiona uno de nuestros botones emocionales, estamos en un punto tal de rectitud que ese momento nos tomará relativamente poco esfuerzo mental mantenernos alejados de la tentación; somos personas que evitan el pecado. Gracias, Dios, que tenemos el Espíritu Santo que nos convence cuando pecamos, si estamos dispuestos a caminar por él. Si tienes puntos débiles significativos en tu rectitud personal, entonces no podrás madurar. Esta podría ser la debilidad que le permite a Satanás levantar una fortaleza respecto a ti. Dios nos está advirtiendo que prestemos atención a estos puntos débiles, para reforzar nuestra rectitud de modo que podamos avanzar hacia las cosas más grandes que él tiene en mente para nosotros. Definitivamente vale la pena el esfuerzo.

El siguiente capítulo de Hebreos empieza con "por eso". Generalmente, cuando se usa la frase "por eso", hay una premisa previa. En este caso, el escritor no está asumiendo que eres completamente maduro, sino que está asumiendo que estás completamente a bordo y dispuesto a esforzarte por crecer en tu conocimiento de Dios y en tu santidad. Si es así, excelente, entonces "dejando a un lado las enseñanzas elementales acerca de Cristo, avancemos hacia la madurez" (6:1).

Pero ¿qué pasa si no estás dispuesto a esforzarte por alcanzar la madurez, o qué pasa si has estado atrapado en un camino de fe y rectitud decreciente durante un período prolongado de tiempo? En ese caso, quizás sea mejor que prestes atención a estos conceptos básicos. No estás listo para leer el resto de Hebreos (pero está bien si lo haces de todos modos). Necesitas poner de nuevo "los fundamentos, tales como el arrepentimiento de las obras que conducen a la muerte, la fe en Dios, la instrucción sobre bautismos, la imposición de manos, la resurrección de los muertos y el juicio eterno" (6:1b-2). La palabra griega para fundamento aquí es *stoicheia,* que se traduce más o menos como el ABC de la fe bíblica. Necesitamos ser sólidos como una roca en cuanto a nuestras convicciones sobre los conceptos básicos que son: el arrepentimiento, la fe, el bautismo (literalmente, lavamientos), la morada del Espíritu Santo (más sobre esto a continuación), la resurrección de Cristo y la realidad del juicio eterno. Titubear en cualquiera de estos conceptos básicos hace que no estemos preparados para pasar a la madurez.

Para muchos de nosotros, quizás uno de los ABC enumerados pueda parecer fuera de lugar. "La imposición de manos" se enumera como una de las *stoicheia* de la fe. Para la mayoría de nosotros, la imposición de manos no es parte de las lecciones bíblicas introductorias que nos enseñaron antes de ser bautizados. Es posible que la imposición de manos sea una referencia a la práctica de nombrar a alguien para una tarea (Hechos 6:3-6, 13:3; 1 Timoteo 4:14) o impartir un don (Hechos 8:17, 19:6; 2 Timoteo 1:6). Es más probable que sea una referencia a la doctrina del Espíritu Santo. Ya en la segunda mitad del primer siglo, la iglesia desarrolló la tradición de que quien era bautizado y, por lo tanto, recibía el Espíritu Santo (Hechos 2:38), tenía las manos impuestas como símbolo de haber recibido el Espíritu. Esta no es una práctica bíblica, por supuesto. Con el tiempo, la iglesia desarrolló la falsa enseñanza de que el Espíritu Santo no se daba en el bautismo, sino que se daba más tarde cuando el obispo que realizaba el bautismo ungía a los recién bautizados con aceite y les imponía las manos. En cualquier caso, "la imposición de manos" en este pasaje es probablemente una referencia a la doctrina de la morada del Espíritu Santo.

Nuevamente, nuestro predicador está preparado para asumir que la mayoría de sus oyentes están listos para pasar a cosas más profundas: "Así procederemos, si Dios lo permite". Pero si este no es el caso, si hemos sido torpes espiritualmente, entonces tiene una de las advertencias más severas de toda la Biblia para nosotros. La intención de Dios es animarnos, pero para algunos de nosotros, el amor requiere la advertencia más severa posible, no un estímulo. A otros les está yendo bien espiritualmente, pero se sienten tentados a olvidar lo grave que puede ser para aquellos que están en declive espiritual.

> *Es imposible que renueven su arrepentimiento aquellos que han sido una vez iluminados, que han saboreado el don celestial, que han tenido parte en el Espíritu Santo y que han experimentado la buena palabra de Dios y los poderes del mundo venidero, y después de todo esto se han apartado. Es imposible, porque así vuelven a crucificar, para su propio mal, al Hijo de Dios, y lo exponen a la vergüenza pública. (Hebreos 6:4-6)*

Este pasaje no es difícil de interpretar. No necesitamos un erudito bíblico para entender lo que significa la palabra "imposible". Significa que no puede suceder, de ninguna manera, nunca. Si abandonamos nuestra fe, *como lo define el escritor de Hebreos en este pasaje,* entonces todo habrá terminado para nosotros. Nunca podremos volver al arrepentimiento. No puede ser más serio que esto. ¡Será mejor que prestemos estricta atención a esta advertencia!

Por cierto, hay cuatro cosas que se describen como imposibles en Hebreos. Es imposible:

1. Ser renovados para el arrepentimiento una vez que abandonamos la fe (6:4)

2. Que Dios mienta (6:18)

3. Que la sangre de toros y machos cabríos quite los pecados (10:4)

4. Agradar a Dios sin fe (11:6)

Ya hemos mencionado que a la mayoría de los que profesan la fe evangélica se les enseña la doctrina de "una vez salvo, siempre salvo" que es el producto de la teología calvinista. ¿Qué hacen con este pasaje? Como describimos anteriormente, los calvinistas quieren aplicar esta advertencia, no a las personas salvas, sino a un grupo mítico de judíos que han asistido a la iglesia durante mucho tiempo pero que aún no se han convertido en cristianos. Esta idea queda completamente descartada por la descripción que se hace en este pasaje respecto a quien abandona su fe. Esta persona había sido "iluminada". Los estudiosos de la historia de la iglesia6 nos dicen que "iluminado" se usaba en la iglesia primitiva como una especie de palabra clave que se refiere a alguien que había sido bautizado. Esta persona ha probado el don, presumiblemente de la salvación, ha recibido la morada del Espíritu Santo y ha probado los poderes de la era venidera, presumiblemente como parte del reino de Dios. Es absurdo proponer que esto no es una referencia a un cristiano. Esta advertencia es para nosotros que hemos sido salvos. Sí, podemos abandonar la fe; y si lo hacemos, entonces no hay vuelta atrás. Será demasiado tarde para nosotros. Pedro dijo sobre el mismo grupo de personas: "En su caso ha sucedido lo que acertadamente afirman estos proverbios: 'El perro vuelve a su vómito', y 'la puerca lavada, a revolcarse en el lodo'" (2 Pedro 2:22). Si nos apartamos, estamos peor que antes cuando estábamos perdidos, porque al menos entonces teníamos esperanza; podríamos arrepentirnos y ser salvos.

Quizás esto no es lo que te han enseñado. Tal vez has tenido el hábito de decir que alguien que está luchando profundamente con el pecado o que le está yendo tan mal espiritualmente que ni siquiera asiste a una verdadera iglesia cristiana bíblica se ha apartado. ¡Debemos ser extremadamente cautelosos al usar este término! Decir definitivamente que una persona se ha apartado en el sentido descrito en Hebreos 6 significa que no hay forma de que pueda ser restaurada a la fe, punto. Parece que solo Dios tiene derecho a hacer un juicio tan fuerte. Tal vez, incluso ahora, sientes cierta frustración porque te enseñaron a usar el término "se ha apartado" o "caído" de la fe incorrectamente.

Queremos tener cuidado con lo que decimos aquí. El hecho es que, en la Biblia, la palabra "apartarse" se usa en más de un sentido. En Mateo 11:6 y Lucas 7:23 encontramos la expresión "se apartan por causa de mí" en algunas traducciones, mientras que otras hablan de tropezar por causa de Jesús o de ser escandalizado en él. No está mal ni es impropio referirse a alguien que se ha desviado de Cristo como apartado (dado que Jesús hizo esto), pero puede ser confuso a la luz de Hebreos 6:4-6. Hagamos una sugerencia. Si conoces a alguien que se ha convertido en cristiano pero que actualmente no está activo en su fe, y que muy bien puede estar en camino de perder la salvación, tal vez podrías referirte a esta persona como alguien actualmente no fiel o pródigo, o bien como un no miembro de la iglesia y deja en manos de Dios el asunto de si esta persona ha perdido permanentemente su salvación.

Es nuestra intención estudiar Hebreos capítulo por capítulo. Sin embargo, el tema de abandonar la fe es tan central en la enseñanza de Hebreos que queremos dar una descripción más completa de la doctrina de la apostasía en el contexto de Hebreos 6:4-6. Este pasaje, ciertamente, llama nuestra atención con su severa advertencia, pero deja algunos aspectos de esta doctrina poco claros. Por esta razón, avancemos al otro pasaje importante de Hebreos que habla de la posibilidad extremadamente seria de apartarse de la fe. Es Hebreos 10:26-31. Esta es la advertencia más profunda de todo el Nuevo Testamento.

Porque si continuamos pecando deliberadamente después de haber recibido el conocimiento de la verdad, ya no queda sacrificio alguno por los pecados, sino cierta horrenda expectación de juicio, y la furia de un fuego que ha de consumir a los adversarios. Cualquiera que viola la ley de Moisés muere sin misericordia por el testimonio de dos o tres testigos.

¿Cuánto mayor castigo piensan ustedes que merecerá el que ha pisoteado bajo sus pies al Hijo de Dios, y ha tenido por inmunda la sangre del pacto por la cual fue santificado, y ha ultrajado al Espíritu de gracia? Pues conocemos a Aquel que dijo: «Mía es la venganza, Yo pagaré». Y otra vez: «El Señor juzgará a Su pueblo». ¡Horrenda cosa es caer en las manos del Dios vivo! (NBLA)

Aquí vemos de forma más específica qué es aquello que podría hacer que perdamos nuestra salvación, así como cuáles son los resultados de apartarse de la gracia. Miremos cuidadosamente este pasaje tan aleccionador. ¿Qué es aquello que nos puede llevar a perder nuestra salvación? Es un pecado continuo, voluntario y deliberado. Por lo tanto, hay dos cualidades del pecado que conducirán a la apostasía: *continuo y deliberado.*

La palabra griega para deliberado aquí es *hekousios,* que significa voluntariamente, deliberadamente, intencionalmente. Ya se ha señalado que no había medios bajo el sistema del Antiguo Testamento que le permitiera a una persona obtener el perdón por el pecado cometido deliberadamente ; al menos no mediante el sistema de sacrificios. Los sacrificios estaban diseñados para proveer expiación por los pecados cometidos sin intención.

El SEÑOR le ordenó a Moisés que les dijera a los israelitas: «Cuando alguien viole inadvertidamente cualquiera de los mandamientos del SEÑOR [...] Si la que peca inadvertidamente es toda la comunidad de Israel, toda la asamblea será culpable de haber hecho algo que los mandamientos del SEÑOR prohíben. Cuando la asamblea se dé cuenta del pecado que ha cometido, deberá ofrecer un novillo como sacrificio expiatorio». [...] El SEÑOR le dijo a Moisés: «Si alguien comete una falta y peca inadvertidamente contra lo que ha sido consagrado al Señor, le llevará al SEÑOR un carnero sin defecto como sacrificio». (Levítico 4:1-2, 4:13-14, 5:14-15, énfasis añadido)

No había provisión en la ley para el perdón del asesinato intencional, la blasfemia contra Dios, el adulterio, la idolatría y otros pecados que no podían cometerse accidentalmente.

¿Cuál es el pecado deliberado?

> *Pero el que peque deliberadamente, sea nativo o extranjero, ofende al SEÑOR. Tal persona será eliminada de la comunidad, y cargará con su culpa, por haber despreciado la palabra del SEÑOR y quebrantado su mandamiento. (Números 15:30-31)*

Para ilustrar lo que implica pecar "deliberadamente", imagina a un niño que tira su comida desde su silla hacia el suelo. El padre le dice al niño que no haga esto. El niño lo vuelve a hacer. El padre mira al niño a los ojos y le dice: "No tires tu plato de comida al suelo". El niño mira al padre directamente a los ojos y empuja el plato al suelo de todos modos. Esta es una ilustración de lo que estamos hablando. Firmar una declaración de impuestos falsa, escribir en nuestra computadora la dirección de un sitio web pornográfico, salir de un restaurante sin pagar la cuenta: estos son pecados deliberados. Lo más probable es que todos nosotros hayamos cometido pecados deliberados, incluso después del bautismo, pero para la mayoría de nosotros esto es algo raro. No tenemos el hábito de rebelarnos voluntariamente contra Dios. Pero cometemos pecados involuntarios todos los días. Para estos actos, tenemos un sumo sacerdote que puede mostrar empatía con nuestra debilidad, y podemos acercarnos al trono de la gracia con confianza para recibir misericordia en nuestro momento de necesidad (Hebreos 4:15-16). Debemos estar muy agradecidos por la gracia y la misericordia de nuestro fiel sumo sacerdote Jesús. Y también debemos sentirnos seguros de nuestro perdón. Esto es lo que Dios quiere para nosotros.

Pero el pecado voluntario está en otra categoría. Tenemos que tomar este tipo de pecado muy en serio. Dios no tolera que nos rebelemos abiertamente. Sin embargo, incluso con este tipo de pecado, es solo si "continuamos pecando" de esta manera que estamos en peligro de perder nuestra salvación. Afortunadamente, estamos bajo el nuevo pacto (Hebreos 8:8-13), e incluso el pecado deliberado que no es continuo es perdonado por la sangre de Jesús. Podemos estar seguros de que Dios es inmensamente paciente con nosotros. Él es más paciente con nosotros, incluso con el pecado deliberado, de lo que seríamos nosotros si nos juzgáramos a nosotros mismos. Es difícil abandonar la fe una vez que hemos sido perdonados y recibido el Espíritu Santo. "El Señor es clemente y compasivo, lento para la ira y grande en amor" (Salmo 145:8).

No obstante, se nos advierte de manera muy firme aquí, y sería irresponsable, además de tonto, ignorar la advertencia de Hebreos 10:26-31. Si pecamos deliberada y continuamente, ¿cuál puede ser el resultado final de una desobediencia tan flagrante ante Dios? "Ya no hay sacrificio por los pecados. Solo queda una terrible expectativa de juicio, el fuego ardiente que ha de devorar a los enemigos de Dios". Podríamos volver a ser juzgados por nuestros pecados e ir al infierno. Aquí el escritor de Hebreos usa una ilustración de la ley de Moisés. Lo más probable es que se esté refiriendo a Deuteronomio 17:2-7. Si alguien era culpable del pecado voluntario de idolatría, y si había múltiples testigos de este acto, entonces el culpable debía ser apedreado por el pueblo. Esto es algo intenso, amigos. Dios está tratando de llamar nuestra atención aquí. Él nos pregunta: "¿Cuánto mayor castigo piensan ustedes que merece el que ha pisoteado al Hijo de Dios, que ha profanado la sangre del pacto por la cual había sido santificado, y que ha insultado al Espíritu de la gracia?". La respuesta a esta pregunta retórica es esta: ¡inconmensurablemente más severamente! Seguramente la eternidad en el infierno es más severa que ser apedreado hasta la muerte.

En caso de que haya alguna duda de que aquí estamos hablando de un cristiano, el escritor de Hebreos está describiendo a una persona que ya ha sido santificada. El que peca deliberada y continuamente después de recibir la santificación está insultando al Espíritu Santo y escupiendo sobre la sangre de Jesús. Él o ella está cometiendo un sacrilegio, tratando como algo común lo que es santo. "¿Jesús murió por mí? No me importa..." Pues Dios NO tolerará este comportamiento. El pecado continuo y deliberado no es simplemente quebrantar alguna ley; es destruir la relación personal con Dios y herir profundamente su corazón. En algún momento el Espíritu Santo nos dejará, y cuando lo haga, quedaremos indefensos. En ese momento, Jesús ya no es nuestro abogado. Volvemos al juicio, y como ya dijimos, nuestra condición es peor que antes de nuestra salvación porque "Es imposible que renueven su arrepentimiento" (6:4-6). Este es "el pecado que sí lleva a la muerte" según 1 Juan 5:16. No es un solo pecado en particular; más bien, es una rebelión voluntaria y continua, después de haber sido salvos. Esta es la blasfemia contra el Espíritu Santo de la que se habla en Mateo 12:31-32, Marcos 3:28-30 y Lucas 12:10. Si deliberada y continuamente estamos dispuestos a pecar contra Aquel que nos salvó, entonces estamos blasfemando contra el Espíritu Santo que vive en nosotros, y se nos advierte con la mayor firmeza: "Mía es la venganza; yo pagaré" (citando Deuteronomio 32:35-36) y "¡Terrible cosa es caer en las manos del Dios vivo!".

Para resumir, ¿cuál es el pecado imperdonable? Lo siguiente:

- **Crucificar al Hijo de Dios de nuevo (Hebreos 6:6)**
- **Exponer a Jesús a la vergüenza pública (Hebreos 6:6)**
- **Pisotear al Hijo de Dios (Hebreos 10:29)**
- **Profanar la sangre de Jesús (Hebreos 10:29)**
- **Insultar al Espíritu Santo (Hebreos 10:29)**
- **Blasfemar contra el Espíritu Santo (Mateo 12:31)**

Volvamos a Hebreos 6.

Cuando la tierra bebe la lluvia que con frecuencia cae sobre ella, y produce una buena cosecha para los que la cultivan, recibe bendición de Dios. En cambio, cuando produce espinos y cardos, no vale nada; está a punto de ser maldecida, y acabará por ser quemada. (Hebreos 6:7-8)

Si "descuidamos una salvación tan grande" (Hebreos 2:3), y si pecamos deliberada y continuamente, entonces el resultado será que la "tierra" que es nuestra vida producirá solo espinas y cardos. Nos hacemos inútiles para Dios. Las espinas y los cardos no son comestibles y, por lo tanto, no son útiles para el pastoreo de corderos y ganado. De la misma manera, nuestras vidas no serán útiles al maestro si volvemos a la pocilga del pecado.

Esto es lo que enseñó Jesús en la parábola de las monedas de oro (Mateo 25:14-30). Esta parábola aparece entre la parábola de las diez vírgenes y la de las ovejas y las cabras. Según el contexto, esta parábola trata de quién estará con Dios por la eternidad. Al final de la historia sobre los sirvientes y su administración de las monedas que se les dieron, se le dijo al que no produjo ninguna cosecha: "Quítenle las mil monedas y dénselas al que tiene las diez mil. Porque a todo el que tiene, se le dará más, y tendrá en abundancia. Al que no tiene se le quitará hasta lo que tiene. Y a ese siervo inútil échenlo afuera, a la oscuridad, donde habrá llanto y rechinar de dientes" (Mateo 25:28-30). ¿Tu vida produce frutos útiles a Dios, o produce principalmente cardos y espinas? Todos queremos ser útiles a Dios, pero no se trata solo de lo que queremos, sino que Dios requiere que su inversión en nosotros produzca un retorno.

Quizás aquellos de nosotros con una conciencia sensible nos sintamos abrumados en este momento, y quizás algunos de nosotros deberíamos sentirnos así hasta cierto punto. Pero debemos recordar que el propósito del escritor de Hebreos es hacer que regresemos al camino correcto, y su intención apunta mucho más a darnos seguridad de nuestra salvación que infundir miedo en nuestros corazones. En Hebreos 6:9-12, se nos recuerda que el propósito de Dios en el libro de Hebreos es animarnos, no condenarnos. Necesitamos un vaso de agua refrescante, y Dios nos lo da.

> *En cuanto a ustedes, queridos hermanos, aunque nos expresamos así, estamos seguros de que les espera lo mejor, es decir, lo que atañe a la salvación. Porque Dios no es injusto como para olvidarse de las obras y del amor que, para su gloria, ustedes han mostrado sirviendo a los santos, como lo siguen haciendo. Deseamos, sin embargo, que cada uno de ustedes siga mostrando ese mismo empeño hasta la realización final y completa de su esperanza. No sean perezosos; más bien, imiten a quienes por su fe y paciencia heredan las promesas. (Hebreos 6:9-12)*

Dios no es una especie de capataz malvado; todo lo contrario. Es su deseo que experimentemos una vida bendecida ahora y que obtengamos una rica recompensa en el futuro. Estamos en una maratón y aún no hemos llegado al final de la carrera, pero el trabajo realizado en los primeros kilómetros ya nos está dando una recompensa, que recibiremos cuando crucemos la meta. Esto debería darnos un gran estímulo para llegar hasta el final.

Yo (John) escalé el Monte Whitney solo un par de días antes de escribir estas palabras. Este es el pico más alto entre los cuarenta y ocho estados meridionales de EE. UU. Cuando había avanzado 14.000 de los 17. 000 kilómetros y había subido 4.000 de los 4.500 metros de altura, estaba completamente exhausto. Pero había algo en el hecho de que el pico estaba a mi vista que me mantuvo en marcha. No había forma de que me rindiera y volviera atrás. La recompensa que tenemos en la cima de nuestra propia montaña es inconmensurablemente mayor que la satisfacción de llegar a la cima de una montaña física desafiante. Dios no está pidiendo algo irrazonable de nosotros. Simplemente nos está pidiendo que continuemos en nuestros esfuerzos diligentes hasta el final. Vale la pena. ¿Te imaginas la tontería de renunciar a nuestra carrera cuando hemos llegado tan lejos? El escritor de Hebreos, y por lo tanto Dios, va recorriendo junto a nosotros el camino que nos lleva rumbo al cielo. Puedes hacerlo. Tengo mucha confianza en ti. Dios, tu Padre, también confía en ti, y Jesús está intercediendo por ti, a su mano derecha. Piensa en la gran recompensa.

¿Has sido tentado a volverte perezoso en tu caminar? Bueno, adivina qué, no estás solo. Pero la solución es realmente bastante simple. Considera la recompensa que tienes por delante; recuerda la razón por la que comenzaste a seguir a Jesús al principio y regresa a la carrera. Hagamos frente a la persecución que se avecina (la situación de la audiencia de Hebreos), o hagamos frente a la sequía actual en nuestro caminar con Jesús, la turbulencia en la iglesia local o la tentación que recientemente ha vuelto para acecharnos; y miremos simplemente a Jesús, quien es la razón por la que decidimos iniciar esta carrera. Puedes hacerlo, y lo harás.

Si no tienes la capacidad de volver a subirte a tu caballo y continuar tu cabalgata con diligencia, entonces el escritor de Hebreos te pide que consideres a aquellos que ya han completado la carrera. Conoces a personas que ya lo han logrado, y sabes que soportaron al menos tanto como tú y permanecieron fieles hasta el final. Fuiste a su funeral donde se les hizo homenaje y su ejemplo te inspiró profundamente. ¿Puedes apartar la vista de tu propia situación el tiempo suficiente para considerar cuál fue el resultado de su estilo de vida, e imitar su fe? (Hebreos 13:7). Sí, claro que puedes. Como dicen los revolucionarios cuando marchan en las calles: "¡Sí se puede!"

Capítulo 9

Jesús es mayor que Abraham: Una gran confianza sobre la salvación

Hebreos 6:13-20a

En esta pequeña sección de Hebreos, vemos que Jesús es superior a Abraham. También se nos da la mayor seguridad de nuestra salvación que se puede encontrar en el libro de Hebreos. Se nos dice que, si nos mantenemos fieles, ciertamente seremos salvos al final.

Cuando Dios hizo su promesa a Abraham, como no tenía a nadie superior por quien jurar, juró por sí mismo, y dijo: «Te bendeciré en gran manera y multiplicaré tu descendencia». Y así, después de esperar con paciencia, Abraham recibió lo que se le había prometido.

Los seres humanos juran por alguien superior a ellos mismos, y el juramento, al confirmar lo que se ha dicho, pone punto final a toda discusión. Por eso Dios, queriendo demostrar claramente a los herederos de la promesa que su propósito es inmutable, la confirmó con un juramento. Lo hizo así para que, mediante la promesa y el juramento, que son dos realidades inmutables en las cuales es imposible que Dios mienta, tengamos un estímulo poderoso los que, buscando refugio, nos aferramos a la esperanza que está delante de nosotros. Tenemos como firme y segura ancla del alma una esperanza que penetra hasta detrás de la cortina del santuario, hasta donde Jesús, el precursor, entró por nosotros. (Hebreos 6:13-20a)

Dios quiere que vivamos con extrema confianza en nuestra salvación y que sepamos absolutamente que tenemos un abogado junto a él en el cielo. Esta confianza nos será de gran utilidad cuando atravesemos momentos de desafío espiritual, como el que están a punto de atravesar los destinatarios de Hebreos. Estas pruebas pueden requerir paciencia, ya que Abraham esperó con paciencia (v. 15). Un punto interesante sobre este pasaje es que no queda totalmente claro cuál es la promesa respecto de la cual se quiere que estemos tan seguros. Tal vez quiera que, como Abraham, confiemos en todas sus promesas para con nosotros. Lo más probable es que la promesa específica que tiene en mente sea la que se encuentra en Hebreos 4:1, que dice que, si permanecemos fieles hasta el fin, ciertamente entraremos en su reposo: el cielo. En el contexto del pasaje, la promesa implica "la esperanza que está delante de nosotros", que es la esperanza del cielo, lo que hace probable que el escritor tenga en mente la promesa de Hebreos 4:1.

¿Cuán confiados quiere Dios que estemos en que lograremos llegar a nuestra propia tierra prometida? Él quiere que estemos tan seguros de nuestra salvación que está dispuesto a jurar por ella. Nuestra cultura ha perdido en su mayoría la tradición de jurar en nombre de alguien o algo para poner el sello a una promesa que hemos hecho. Fue solo hace una o dos generaciones que era común escuchar a la gente decir cosas como "Lo juro por Dios" o "Lo juro por la Biblia". Tenemos un remanente de tales juramentos que se usa en nuestros sistemas judiciales, en los que los testigos juran decir la verdad siendo advertidos de las penas con que las leyes castigan el falso testimonio. Aunque no estamos muy acostumbrados a esta práctica de hacer juramentos, podemos entender fácilmente el concepto. Cuando alguien hace una promesa y quiere que aquel a quien promete confíe en que la promesa se cumplirá, jura por alguien o algo superior a sí mismo. Los judíos tenían la costumbre de jurar por el templo, por el propiciatorio en el templo o por el cielo.

Sin embargo, es extraño que Dios jure por cualquier cosa, ¿no es así? En al menos un caso específico en el Nuevo Testamento, se nos dice que no hagamos ningún juramento (Mateo 5:34-37). Es un poco difícil comprender por qué Dios jura hacer algo que nos ha prometido. Ciertamente, los que creen en Dios le creen cuando hace una promesa. Sin embargo, hay ocasiones muy raras en que la persona a quien se le hace la promesa realmente necesita seguridad de su cumplimiento. Tal fue el caso cuando Dios le pidió a Abraham que matara a su único hijo y heredero legítimo (tal puede ser nuestro caso después de leer Hebreos 6:4-8). La fe de Abraham era tan grande que estuvo dispuesto a sacrificar al hijo que Dios le había prometido anteriormente. En Génesis 22:16-18, Dios le dice a Abraham:

> Y le dijo:
>
> —Como has hecho esto, y no me has negado a tu único hijo, juro por mí mismo —afirma el SEÑOR— que te bendeciré en gran manera, y que multiplicaré tu descendencia como las estrellas del cielo y como la arena del mar. Además, tus

descendientes conquistarán las ciudades de sus enemigos. Puesto que me has obedecido, todas las naciones del mundo serán bendecidas por medio de tu descendencia.

Dios ha cumplido cada una de las promesas que le hizo a Abraham. Esto puede darnos una gran confianza de que cumplirá su promesa que se encuentra en Hebreos de que estaremos con él para siempre.

El escritor de Hebreos utiliza aquí un argumento humano. Si las personas juran por algo más grande que ellos mismos para que podamos confiar en sus promesas, seguramente podemos confiar en Dios si hace un juramento. Pero ¿quién es más grande que Dios? Nadie, por supuesto, así que Dios jura por sí mismo. El escritor de Hebreos nos dice que Dios jura por dos cosas inmutables: 1) su palabra (es decir, la promesa o el juramento) y 2) él mismo. Y solo en caso de que no estés seguro de que Dios hará lo que dice, se nos recuerda que es literalmente imposible que Dios mienta (Números 23:19; 1 Samuel 15:29). Espero que estemos captando el mensaje aquí: Dios quiere que vivamos, no con miedo, sino con una expectativa muy confiada de que llegaremos al cielo. No solo eso, quiere que vivamos en fe y esperanza porque tenemos un gran sumo sacerdote en el cielo intercediendo por nosotros ante el trono de Dios. La palabra "promesa" o una forma de ella aparece dieciséis veces en Hebreos, más que en cualquier otro libro de la Biblia. Una vez más, Dios quiere que vivamos con confianza.

Una cosa para tener en cuenta sobre el libro de Hebreos es que las dos advertencias más firmes, Hebreos 6:4-8 y Hebreos 10:26-31, están unidas por las dos garantías más enfáticas de nuestra salvación eterna, Hebreos 6:13-19 y Hebreos 10:19-22. Dios quiere que seamos plenamente conscientes del peligro de la apostasía, pero no quiere abrumarnos con esta verdad. Él quiere que, al final, estemos seguros de que nuestra relación con él, tanto en esta vida como en la eternidad, está asegurada si nos aferramos a sus promesas como lo hizo Abraham.

Hay dos palabras estrechamente relacionadas que se usan repetidamente en esta sección. Son "promesa" y "esperanza". El uso bíblico de la palabra "esperanza" es muy diferente del significado estándar en español. En el uso común, cuando decimos que esperamos que algo suceda, queremos decir que es posible que *no* suceda. "Espero obtener una buena nota en mi examen". La esperanza bíblica es de una naturaleza muy diferente. La esperanza que Dios nos ofrece en Hebreos es más como una expectativa confiada. Uno de los versículos más alentadores de toda las Escrituras se encuentra justo aquí. Es

Hebreos 6:19: "Tenemos como firme y segura ancla del alma una esperanza que penetra hasta detrás de la cortina del santuario". Esta esperanza que tenemos, por supuesto, es Jesucristo. En el mundo antiguo, el ancla era un símbolo de esperanza. Los comentaristas debaten si la metáfora del ancla se aplica a la esperanza que tenemos, a la promesa hecha bajo juramento o al mismo Jesús. La respuesta es simplemente, sí, son los tres. En la iglesia primitiva, uno de los símbolos más comunes para representar a Cristo era el ancla, debido a este mismo pasaje de la Escritura (es el único en el Nuevo Testamento que usa el ancla como metáfora).

¿Para qué sirve un ancla? Se utiliza para evitar que algo que es movible se mueva. Dedica algunos momentos ahora mismo para meditar en el hecho de que tenemos a Jesús como ancla para nuestras almas. Tenemos una esperanza de que no se moverá ni cambiará. Nada nos puede mover porque nada puede mover a Jesús de su lugar en el tabernáculo celestial con el Padre. Él es el verdadero sumo sacerdote. Está en el santuario interior, no el que es una mera copia, sino el real, el que está en los cielos, como veremos más adelante en Hebreos.

Esto nos lleva a Hebreos 6:20, que es el versículo de transición a nuestra próxima sección. Cristo es el ancla para nuestras almas detrás de la cortina, "hasta donde nuestro precursor, Jesús, entró por nosotros". La palabra "precursor" en griego es *prodromos*. Literalmente, significa el que corre delante de los demás. Metafóricamente, es el pionero, el que marca el camino, el que verifica la disposición del terreno para asegurarse de que sea seguro para que otros entren y se establezcan allí. Daniel Boone fue el pionero que abrió Kentucky y Tennessee para que los europeos se asentaran. Jesús es el pionero que abre los reinos celestiales para que los ocupemos. Los ha declarado seguros y listos para la ocupación.

Para los judíos, el Lugar Santísimo, el santo de los santos, el santuario interior, era el lugar donde moraba Dios. Era donde estaba permanecía la *shekinah,* la gloria de Dios. Cuando se consagró el templo de Salomón, el Señor entró en el Lugar Santísimo. "Cuando los sacerdotes se retiraron del Lugar Santo, la nube llenó el templo del Señor. Y por causa de la nube, los sacerdotes no pudieron celebrar el culto, pues la gloria del Señor había llenado el templo" (1 Reyes 8:10-11). A partir de ese momento, ningún judío podía entrar en el Lugar Santísimo bajo pena de muerte inmediata. Como hemos dicho antes, solo el sumo sacerdote tenía este privilegio, y solo un día del año, por solo unos momentos. Pero Jesús es el precursor que nos muestra el camino para entrar en la misma presencia de Dios. ¿Por qué? Porque es sacerdote en el orden de Melquisedec.

Capítulo 10

El sacerdocio de Jesús es mayor que el de Aarón
Hebreos 6:20b-7:28

Ahora estamos listos para embarcarnos en la sección central del libro de Hebreos. Los primeros seis capítulos, en cierto sentido, nos prepararon para lo que aprenderemos en el capítulo 7, en el que encontramos el núcleo del argumento de este increíble sermón. Como sacerdote en el orden de Melquisedec, Jesús es nuestro gran, único e imponente sumo sacerdote, el que nos da acceso al Padre.

Esta es una enseñanza profunda. El hecho de que será difícil entender Hebreos 7 fue establecido por el escritor en el versículo 5:11 cuando nos dijo: "Sobre este tema [el sacerdocio de Jesús] tenemos mucho que decir aunque es difícil explicarlo, porque a ustedes lo que les entra por un oído les sale por el otro". ¿En qué consiste el orden de Melquisedec y qué tiene que ver con nuestra relación con Dios como seguidores de Jesús? Comencemos.

Jesús, el precursor, entró [en el santuario] por nosotros, llegando a ser sumo sacerdote para siempre, según el orden de Melquisedec.

Este Melquisedec, rey de Salén y sacerdote del Dios Altísimo, salió al encuentro de Abraham, que regresaba de derrotar a los reyes, y lo bendijo. Abraham, a su vez, le dio la décima parte de todo. El nombre Melquisedec significa, en primer lugar, «rey de justicia» y, además, «rey de Salén», esto es, «rey de paz». No tiene padre ni madre ni genealogía; no tiene comienzo ni fin, pero a semejanza del Hijo de Dios, permanece como sacerdote para siempre.

Consideren la grandeza de ese hombre, a quien nada menos que el patriarca Abraham dio la décima parte del botín. Ahora bien, los descendientes de Leví que reciben el sacerdocio tienen, por ley, el mandato de cobrar los diezmos del pueblo, es decir, de sus hermanos, aunque estos también son descendientes de Abraham. En cambio, Melquisedec, que no era descendiente de Leví, recibió los diezmos de Abraham y bendijo al que tenía las promesas. Es indiscutible que la persona que bendice es superior a la que recibe la

> *bendición. En el caso de los levitas, los diezmos los reciben hombres mortales; en el otro caso, los recibe Melquisedec, de quien se da testimonio de que vive. Hasta podría decirse que Leví, quien ahora recibe los diezmos, los pagó por medio de Abraham, ya que Leví estaba presente en su antepasado Abraham cuando Melquisedec le salió al encuentro. (Hebreos 6:20b-7:10)*

El escritor de Hebreos está tratando de hacer dos cosas simultáneamente aquí. Está tratando de establecer que el sacerdocio de Melquisedec, y por lo tanto el sumo sacerdocio de Jesús, es superior al de Leví. Además, está tratando de establecer la relación tipo/antitipo entre Melquisedec y Jesús para que podamos entender verdaderamente qué gran sumo sacerdote tenemos. El primer argumento para explicar la relación entre Leví y Melquisedec es quizás un poco oscuro para nosotros, pero el último argumento que muestra los paralelos entre Jesús y Melquisedec será muy claro cuando veamos toda la evidencia.

Antes de sumergirnos en el argumento de Hebreos 7, primero consideremos lo que sabemos sobre esta enigmática figura de Melquisedec del Antiguo Testamento. El hecho es que no sabemos mucho sobre él, pero nos daremos cuenta de que todo lo que sepamos resultará de gran importancia simbólica. En la Biblia, Dios puede decir mucho con muy pocas palabras. Los únicos dos pasajes que mencionan a Melquisedec son Génesis 14:18-20 y Salmo 110:4. ¡Eso son solo cuatro versículos!

> *Y Melquisedec, rey de Salén y sacerdote del Dios altísimo, le ofreció pan y vino. Luego bendijo a Abram con estas palabras:*
>> *«¡Que el Dios altísimo,*
>>> *creador del cielo y de la tierra,*
>>> *bendiga a Abram!*
>> *¡Bendito sea el Dios altísimo,*
>>> *que entregó en tus manos a tus enemigos!»*
> *Entonces Abram le dio el diezmo de todo. (Génesis 14:18-20)*

Los hechos objetivos son estos: después de ganar una batalla contra Kedorlaomer el elamita, Abraham llevó el botín de la batalla a Melquisedec, que era sacerdote de Yahvé y también rey de la ciudad de Salén, o Salem. Aparentemente, Melquisedec no estaba relacionado por nacimiento con

Abraham. Por lo tanto, él no era "judío". Cuando Abraham trajo el botín de la batalla ganado con la ayuda del Dios Altísimo, Melquisedec pronunció una bendición sobre Abraham en el nombre de Dios, y Abraham ofreció el diezmo del botín de guerra a Melquisedec.

A partir de ese momento no escuchamos nada acerca de Melquisedec en las Escrituras por más de ochocientos años. ¿Qué pensaban los judíos acerca de Melquisedec? Finalmente, después de más de ocho siglos de silencio bíblico, tenemos lo que sería uno de los pasajes más misteriosos de todo el Antiguo Testamento en un salmo real de David.[7] Misterioso, es decir, hasta que se revela el significado en Hebreos:

> *El SEÑOR ha jurado*
> *y no cambiará de parecer:*
> *«Tú eres sacerdote para siempre,*
> *según el orden de Melquisedec». (Salmo 110:4)*

El escritor de Hebreos considera esto una profecía del Mesías. ¿Está sacando este pasaje fuera de contexto? ¿Se entendería esto como una profecía mesiánica, incluso para una persona judía que no sabía acerca de Jesús? La respuesta es sí. Este es un salmo real, escrito por David. Seguramente David no se veía a sí mismo como un sacerdote, mucho menos como un sacerdote para siempre. Considera nuevamente el Salmo 110:1.

> *Así dijo el SEÑOR a mi Señor:*
> *«Siéntate a mi derecha*
> *hasta que ponga a tus enemigos*
> *por estrado de tus pies».*

El señor a quien el Señor le está hablando es el Mesías. Él es el retoño de Isaí (Isaías 11:1). No hay forma posible de que David esté hablando de sí mismo. Está hablando de quien es la prefigura como rey de Israel, que es el Mesías, Jesús, el descendiente de David. Por eso, a través del Salmo 110 se establece una profecía durante más de mil años : el Mesías que viene será sacerdote, pero no sacerdote de la tribu de Leví. Más bien, será sacerdote en el orden de Melquisedec. Afortunadamente, Hebreos completa este cuadro. De lo contrario, nos quedaríamos bastante confundidos.

Ahora, usando estos dos pasajes como trasfondo, pasemos a lo que aprendemos en Hebreos sobre el sacerdocio de Jesús. Recuerda que aquí hay dos argumentos: uno que compara a Melquisedec con Leví y otro que hace paralelos entre Jesús y Melquisedec. Primero, consideremos lo que Dios nos dice en Hebreos acerca del sacerdocio, no de Jesús, sino de Melquisedec. Después de la batalla con Kedorlaomer, Abraham llevó el botín de la batalla a Melquisedec. El escritor de Hebreos nos recuerda en el capítulo 7:1-2 y 4 las dos cosas que sucedieron: Melquisedec bendijo a Abraham, y Abraham dio el diezmo del botín a Melquisedec. Así es como el escritor de Hebreos interpreta estos hechos en relación con Melquisedec: "Piensa en lo grande que era: ¡Hasta el patriarca Abraham le dio la décima parte del botín!". Aquí es donde el argumento se vuelve un poco difícil de seguir. "Melquisedec, que no era descendiente de Leví, recibió los diezmos de Abraham y bendijo al que tenía las promesas. Es indiscutible que la persona que bendice es superior a la que recibe la bendición". En otras palabras, Melquisedec es "mayor" que Abraham. En consecuencia, Jesús también es mayor que Abraham, lo que completa el argumento de que Jesús es mayor que Abraham iniciado en Hebreos 6:13-20. Esto no significa que Melquisedec sea mejor que Abraham, como tampoco el Padre es "mejor" que el Hijo o el esposo es "mejor" que la esposa. La relación entre ellos implica una autoridad posicional.

El siguiente argumento es probablemente el más difícil de seguir en todo Hebreos. En el capítulo 7:9-10 se nos dice: "Hasta podría decirse que Leví, quien ahora recibe los diezmos [es decir, los sacerdotes levitas que cobran los diezmos de Israel], los pagó por medio de Abraham, ya que Leví estaba presente en su antepasado Abraham cuando Melquisedec le salió al encuentro". Lo que acabamos de recibir es una "prueba" bíblica de que el sacerdocio de Melquisedec es superior posicionalmente al sacerdocio de Aarón. Melquisedec es mayor que Abraham; Leví es descendiente de Abraham; por tanto, el sacerdocio de Leví es inferior al de Melquisedec. Este argumento puede parecernos un poco exagerado, pero es lógico y viene directamente de la boca de Dios a través del escritor de Hebreos. Como creyentes en Cristo, eso es lo suficientemente bueno para nosotros.

Entonces, el sacerdocio de Melquisedec es mayor que el de Leví. Luego, llegamos al segundo argumento en Hebreos 7, que señala que Jesús es un sacerdote en el orden de Melquisedec, por lo tanto, su sacerdocio es mayor que el de Leví. Los dos argumentos están entrelazados, por lo que tendremos que volver a los versículos anteriores de Hebreos 7 para completar la idea sobre el sacerdocio de Jesús. Aquí el argumento se convierte en ejemplos de tipo/antitipo con respecto a Melquisedec y Jesús. Melquisedec es una prefigura de Jesús.

Hay muchas cosas sobre Melquisedec que son paralelas a Jesús.

Algunas de estas son bastante obvias, pero otras son menos evidentes a primera vista. "El nombre Melquisedec significa, en primer lugar, 'rey de justicia'" (v. 2). Tanto Melquisedec como Jesús son reyes, y ambos son reyes justos. Melquisedec no estaba libre de pecado, pero su nombre literalmente significaba rey de justicia. Jesús, como antitipo, es un rey justo, no solo por ser llamado así, sino porque fue la única persona que vivió hasta la edad adulta sin pecar (Juan 8:46). Jesús cumple la profecía anticipada por el nombre de Melquisedec.

Luego está el hecho de que el nombre de la ciudad sobre la cual gobernó Melquisedec como rey también crea una relación tipo/antitipo. No es una coincidencia que Melquisedec gobernara sobre la ciudad de Salem (que luego pasó a llamarse Jerusalén). La palabra "salem" en hebreo es *shalom,* que, como la mayoría de nosotros sabemos, significa paz. Melquisedec fue literalmente el rey de paz. ¿Quién más en toda la historia ha sido conocido como el rey de paz? Esa no es una pregunta difícil. Jesús es el Rey de paz. Con las dos relaciones de tipo/antitipo que hemos considerado, Melquisedec reúne estas dos ideas, las que podrían considerarse una coincidencia histórica. Es rey de justicia por la coincidencia de tener el nombre, y es rey de paz por otra "coincidencia", el nombre de su ciudad. Jesús conlleva estos dos roles en realidad. Como ocurre con todas las relaciones tipo/antitipo entre el Antiguo y el Nuevo Testamento, el elemento que se indique en el Antiguo Testamento es una sombra y "la realidad se halla en Cristo" (Colosenses 2:17). Esto es genial. La Biblia está claramente inspirada por Dios. ¿Podría algún conspirador haber logrado esto incluso si lo intentara? ¡No! Verdaderamente, como dijo Jesús: "¡Y son ellas [las Escrituras] las que dan testimonio en mi favor!" (Juan 5:39).

Además, ten en cuenta que antes de que Melquisedec fuera el rey de paz, él era el rey de justicia. Recibió su nombre antes de convertirse en rey de Salem. Primero debemos tener justicia, o rectitud, antes de poder tener paz.

Pero cuando hablamos de Melquisedec como una prefigura del Mesías Jesús, ¡recién estamos comenzando! La lista de paralelos continúa: "No tiene padre ni madre ni genealogía; no tiene comienzo ni fin, pero a semejanza del Hijo de Dios, permanece como sacerdote para siempre" (Hebreos 7:3). Ya hemos señalado que Hebreos 7:9-10 es el argumento más difícil presentado por el autor. Este es el segundo que se le acerca en dificultad. El escritor de Hebreos usa algunas de las muchas cosas que no sabemos acerca de Melquisedec para extender la lista de paralelos entre los dos sacerdotes en el orden de Melquisedec. No sabemos los nombres de sus padres, y no sabemos nada de sus descendientes. Por lo tanto, no tiene genealogía (conocida). En esto, Melquisedec es como Jesús, ya que no tuvo padre humano, y no tuvo descendencia porque "Fue arrancado de la tierra de los vivientes" (Isaías 53:8). El argumento que el escritor de Hebreos usa aquí no es uno que cualquiera de nosotros, probablemente, estaría dispuesto a hacer. El argumento que está planteando no se basa en una afirmación real en la Biblia, sino en el silencio de las Escrituras. Seguramente Melquisedec tuvo padres reales, aunque no sabemos sus nombres. Si tuvo descendencia o no, simplemente no lo sabemos. Pero el escritor de Hebreos usa lo que no sabemos acerca de Melquisedec como argumento de que él es una prefigura de Jesús.

El argumento del silencio de las Escrituras era bastante común en la interpretación rabínica judía del Antiguo Testamento, aunque nos sorprenda. Los rabinos describieron cuatro niveles de significado en un texto:

1. *Peshat:* **El significado literal y fáctico del texto**
2. *Remaz:* **El significado sugerido del texto**
3. *Derush:* **El significado al que se llega después de una larga y cuidadosa consideración del texto**
4. *Sod:* **El significado interior, alegórico o metafórico del texto**

La experiencia nos dice que nosotros, como intérpretes sin inspiración directa de Dios, debemos tener cuidado de hacer alegorías con el texto del Antiguo Testamento. Deberíamos evitar usar el principio de *sod* en nuestra hermenéutica. Si leemos a Filón, el gran maestro judío del primer siglo, descubriremos que hacer alegorías con frecuencia nos lleva, simplemente, a leer nuestra propia filosofía en las Escrituras. Sin embargo, con Hebreos tenemos una alegoría inspirada. Su inspiración queda establecida por el asombroso resultado —la belleza de la conclusión a la que llega el escritor de Hebreos— y, fundamentalmente, porque Hebreos es parte del canon recibido de las Escrituras.

Dios está exponiendo aquí un punto profundo acerca de Jesús. En el sacerdocio de Aarón, la genealogía lo es todo (Esdras 2:3-63; Nehemías 7:63-65). En el sacerdocio de Melquisedec, la genealogía no es importante; en realidad, la falta de genealogía es positiva. ¿Por qué? Porque tanto Melquisedec como Jesús fueron escogidos directamente por Dios como sacerdotes, no por descendencia, sino por su justicia. ¿Qué es mejor, tener la genealogía o la vida correcta? No conocemos la genealogía de Melquisedec y no sabemos nada acerca de sus descendientes. Sin embargo, lo que sabemos sobre Melquisedec es que, a diferencia de los sacerdotes en el orden de Aarón, que fueron sacerdotes simplemente debido a quién era su padre,

Melquisedec fue escogido como sacerdote por su propia justicia personal. Este es otro paralelo profético entre él y Jesús.

Entonces nuestro autor desarrolla un argumento adicional. Nada sabemos de la muerte de Melquisedec; no está registrado en las Escrituras (¡aunque asumimos que lo más probable es que finalmente muriera!). El escritor de Hebreos hace aquí un sorprendente paralelo. No sabemos cuándo o incluso si Melquisedec murió. De manera similar, Jesús, aunque murió, resucitó de entre los muertos y todavía vive. Por lo tanto, paralelamente, tanto Melquisedec como Jesús siguen siendo sacerdotes para siempre. El argumento de que Melquisedec es sacerdote para siempre lo hace el escritor de Hebreos basado en el hecho de que no sabemos nada de su muerte. Una vez más, este argumento del silencio no es uno que nos atreveríamos a hacer, pero el escritor inspirado de Hebreos lo hace, ¡y nos apegamos a él!

Cualidades del sacerdocio de Melquisedec
Fuente de paz
Basado en la justicia personal
Real (rey y sacerdote simultáneamente)
No se hereda
Eterno

Encontraremos más prefiguras mesiánicas en Melquisedec en la siguiente sección:

Si hubiera sido posible alcanzar la perfección mediante el sacerdocio levítico (pues bajo este se le dio la ley al pueblo), ¿qué necesidad había de que más adelante surgiera otro sacerdote, según el orden de Melquisedec y no según el de Aarón? Porque cuando cambia el sacerdocio, también tiene que cambiarse la ley. En efecto, Jesús, de quien se dicen estas cosas, era de otra tribu, de la cual nadie se ha dedicado al servicio del altar. Es evidente que nuestro Señor procedía de la tribu de Judá, respecto a la cual nada dijo Moisés con relación al sacerdocio. Y lo que hemos dicho resulta aún más evidente si, a semejanza de Melquisedec, surge otro sacerdote que ha llegado a serlo no conforme a un requisito legal respecto a linaje humano, sino conforme al poder de una vida indestructible. Pues de él se da testimonio:

"Tú eres sacerdote para siempre,
según el orden de Melquisedec".
Por una parte, la ley anterior queda anulada por ser

inútil e ineficaz, ya que no perfeccionó nada. Y, por la otra, se introduce una esperanza mejor, mediante la cual nos acercamos a Dios.

¡Y no fue sin juramento! Los otros sacerdotes llegaron a serlo sin juramento, mientras que este llegó a serlo con el juramento de aquel que le dijo:

"El Señor ha jurado,
y no cambiará de parecer:
'Tú eres sacerdote para siempre'".

Por tanto, Jesús ha llegado a ser el que garantiza un pacto superior.

Ahora bien, como a aquellos sacerdotes la muerte les impedía seguir ejerciendo sus funciones, ha habido muchos de ellos; pero, como Jesús permanece para siempre, su sacerdocio es imperecedero. Por eso también puede salvar por completo a los que por medio de él se acercan a Dios, ya que vive siempre para interceder por ellos. (Hebreos 7:11-25)

El siguiente paralelo que hace el escritor de Hebreos entre Melquisedec y Jesús es que ninguno es de la tribu de Leví. En el caso de Jesús, es de Judá, de cuya tribu nada dijo Moisés acerca de los sacerdotes. En el caso de Melquisedec, tampoco es de la tribu de Leví, ya que ni siquiera es judío. Jesús es sacerdote por el poder que emana de su vida indestructible (v. 16). Hay un par de otros paralelos tipo/antitipo entre Jesús y Melquisedec que merecen mención, aunque el escritor no los menciona. Primero, Melquisedec fue sacerdote principalmente para los gentiles, no para los judíos. Jesús es el sumo sacerdote tanto de judíos como de gentiles. Segundo, aunque no se menciona en Hebreos 7, aprendemos en Génesis 14:18 que cuando Abraham se dirigió a Melquisedec, la ofrenda que le dio consistió en pan y vino. Melquisedec ofreció pan y vino, y Jesús nos ofrece su cuerpo y sangre, como recordamos cada vez que tomamos pan y vino en la Cena del Señor.

Un resumen de los paralelos entre Melquisedec y Jesús se encuentra en la siguiente tabla.

Melquisedec	Jesús
Su nombre significa rey de justicia	Es un rey justo
Rey de una ciudad cuyo nombre es Paz	El Rey de paz
Sin genealogía (conocida)	No tiene genealogía
Sin final (conocido) de sus días, por lo tanto, un sacerdote para siempre	Un sacerdote para siempre
Rey físico de la Jerusalén física	Rey espiritual de la Jerusalén espiritual

Un sacerdote más grande que Leví	Mayor que Abraham y, por lo tanto, mayor que Leví
Un sacerdote para los gentiles, no para los judíos	Un sacerdote para gentiles y judíos
Un sacerdote debido a su carácter, no por linaje	Un sacerdote debido a su carácter, no por linaje
Le dio a Abraham pan y vino	Se le recuerda al tomar pan y vino

Habiendo establecido que Jesús es del sacerdocio de Melquisedec, el cual es superior al de Aarón, y habiendo establecido la inequívoca relación tipo/antitipo entre él y Melquisedec, ahora volvemos a la principal preocupación de la sección central de Hebreos, que es la grandeza de Jesús como sumo sacerdote. Para el escritor de Hebreos, la perfección de Jesús como sumo sacerdote es la base de la superioridad de su pacto frente al pacto de Moisés (Hebreos 8), la superioridad del tabernáculo donde ministra al tabernáculo/templo judío (Hebreos 9:1-10) y la superioridad del sacrificio de Jesús sobre el sistema de sacrificio mosaico (Hebreos 9:11-10:18). Es difícil no valorar la importancia de Jesús como gran sumo sacerdote en todo el libro de Hebreos.

En Hebreos 7:11 se nos hace la pregunta retórica: "Si hubiera sido posible alcanzar la perfección mediante el sacerdocio levítico [...] ¿qué necesidad había de que más adelante surgiera otro sacerdote, según el orden de Melquisedec y no según el de Aarón?". La respuesta, por supuesto, es que la perfección (*teleiosis*: perfección, totalidad, plenitud) no se obtuvo a través del antiguo pacto ni a través del sacerdocio levítico. Ya se nos ha dicho por qué el sacerdocio levítico era imperfecto: porque los sacerdotes morían, porque ellos mismos no eran justos, porque adquirían el sacerdocio por su nacimiento, porque los levitas no conocían las cosas del Padre como las conoce Jesús y por muchas otras razones.

Luego, el escritor de Hebreos presenta el argumento de que, si se cambia el sacerdocio, entonces, como consecuencia, la ley y el pacto deben cambiar también: "Porque cuando cambia el sacerdocio, también tiene que cambiarse la ley" (v. 12). Podríamos haber hecho un argumento diferente. Podríamos haber argumentado que el pacto establece el sacerdocio; por lo tanto, un cambio en el pacto producirá un cambio en el sacerdocio. Pero en Hebreos es al revés. El sacerdocio levítico era imperfecto y necesitaba ser reemplazado por un sacerdocio perfecto y eterno: el orden de Melquisedec. Por lo tanto, se debe producir un nuevo pacto para apoyar ese sacerdocio. Jesús, por supuesto, era de la tribu de Judá debido a que José lo adoptó, una tribu "de la cual nadie se ha dedicado al servicio del altar" (v. 13), y una tribu "respecto a la cual nada dijo Moisés con relación al sacerdocio" (v. 14). ¿Conclusión? Necesitamos un nuevo pacto, uno que establece a un sacerdote según el orden de Melquisedec sirviendo en un tabernáculo mayor, basado en mayores sacrificios.

Luego, se nos dan varias razones por las que el sumo sacerdocio de Jesús es superior, algunas de las cuales ya hemos leído en Hebreos, además de un par de razones adicionales. ¿Por qué un nuevo sacerdocio? En el capítulo 7:15-16 se nos dice que está muy claro por qué, porque "a semejanza de Melquisedec, surge otro sacerdote que ha llegado a serlo no conforme a un requisito legal respecto a linaje humano, sino conforme al poder de una vida indestructible". ¡Qué maravilloso pensamiento! Jesús tiene una vida indestructible y, por lo tanto, nosotros también podemos tenerla, a través de la intercesión permanente que realiza por nosotros. La palabra para indestructible es *akatalytos,* que literalmente significa imparable. Cuando a Jesús se le quitó la vida en la cruz, Satanás pudo haber pensado que estaba destruido, pero Jesús tiene una vida imparable. Resucitó y ascendió para tomar su lugar como sacerdote para siempre. La permanencia del sacerdocio de Jesús se menciona varias veces y únicamente en Hebreos 7. Es sacerdote para siempre (vv. 3, 17, 21), se le declara vivo (v. 8), su vida es indestructible (v. 16), tiene un sacerdocio imperecedero (v. 24), es capaz de salvar por completo (v. 25), vive para siempre (v. 25) y es perfecto para siempre (v. 28). Podemos estar totalmente seguros, porque nuestro sumo sacerdote está de servicio completo representándonos ante el Padre, las veinticuatro horas, los siete días de la semana, por la eternidad.

Para completar el pensamiento, vayamos a los versículos 23-25: "como a aquellos sacerdotes [que descienden de Leví] la muerte les impedía seguir ejerciendo sus funciones, ha habido muchos de ellos". Josefo, el historiador judío, nos dice que hubo ochenta y tres sumos sacerdotes desde la época de Aarón hasta la destrucción de Jerusalén en el año 70 d. C. Si hubiéramos puesto nuestras esperanzas en uno de estos sacerdotes, nuestras esperanzas habrían sido defraudadas muchas veces, "pero, como Jesús permanece para siempre, su sacerdocio es imperecedero. Por eso también puede salvar por completo a los que por medio de él se acercan a Dios, ya que vive siempre para interceder por ellos". Aquí la frase "por completo" es *panteles,* que significa completo, perfecto, absoluto. Por favor, tómate un tiempo ahora mismo para contemplar cuán seguros estamos con Jesús como nuestro intercesor, uno que nos salva absolutamente. "Porque hay un solo Dios y un solo mediador entre Dios y los hombres, Jesucristo hombre" (1 Timoteo 2:5).

Hay otra razón por la que necesitábamos un nuevo pacto. "La ley anterior queda anulada por ser inútil e ineficaz" (v. 18). ¿Inútil? ¿En serio? Estas son palabras fuertes que podrían enojar a un cristiano que ha vuelto a confiar en el judaísmo, pero son ciertas. Podemos admitir que el antiguo pacto era débil, pero seguramente la ley de Moisés tenía alguna utilidad. Pablo nos explica su utilidad: "para que mediante el mandamiento se demostrara lo extremadamente malo que es el pecado" (Romanos 7:13). ¿En qué sentido, entonces, la ley era "inútil"? La ley de Moisés no hizo perfecto nada ni a nadie (Hebreos 7:19). ¿No es eso lo que debería hacer la ley? Veremos que el primer pacto se trataba solo de regulaciones externas, por lo que no perfeccionó nada. Aquí se está preparando el escenario para el argumento que se dará en Hebreos 8 de que el nuevo pacto es innegablemente superior al antiguo.

Además, el nuevo sacerdocio viene con un juramento (v. 20). Los sacerdotes del orden de Leví no prestaban juramento. La razón es que seguramente habrían roto cualquier juramento que declararan casi tan pronto como lo hicieran. Dios realmente está tratando de llamar nuestra atención, porque nos dice por tercera vez que "el Señor ha jurado, y no cambiará de parecer: 'Tú eres sacerdote para siempre'" (v. 21). Dios rara vez hace un juramento. Él hace solo tres juramentos en todas las Escrituras, y todos ellos se relacionan con la discusión que estamos desarrollando aquí:

1. **A Abraham sobre su descendencia en Génesis 22**

2. **En cuanto al sacerdote que viene según el orden de Melquisedec en el Salmo 110**

3. **A nosotros acerca de estar seguros de nuestra salvación en Hebreos 6:13-20**

Con suerte, a estas alturas, incluso si tenemos mentes lentas o torpes (*nothros*), Dios está comenzando a comunicarse con nosotros. Luego, nuestro autor repite, en primer lugar, el argumento del sacerdocio y, en segundo lugar, el del pacto . Él dice: "Por tanto (por este juramento relativo al sacerdocio de Melquisedec), Jesús ha llegado a ser el que garantiza (o es fiador de) un pacto superior" (v. 22).

Dios casi ha terminado con su argumento a favor de la superioridad de Jesús como sumo sacerdote y está a punto de pasar a una discusión sobre la grandeza de las promesas del pacto que tenemos en Cristo, pero por si acaso hubiera la más mínima posibilidad de que aún no lo hayamos entendido, repite una vez más por qué Jesús es un sumo sacerdote perfecto.

Nos convenía tener un sumo sacerdote así: santo, irreprochable, puro, apartado de los pecadores y exaltado sobre los cielos. A diferencia de los otros sumos sacerdotes, él no tiene que ofrecer sacrificios día tras día, primero por sus propios pecados y luego por los del pueblo; porque él ofreció el sacrificio una sola vez y para siempre cuando se ofreció a sí mismo. De hecho, la ley designa como sumos sacerdotes a hombres débiles; pero el juramento, posterior a la ley, designa al Hijo, quien ha sido hecho perfecto para siempre. (Hebreos 7:26-28)

Jesús no es solo un gran sumo sacerdote, es uno perfecto. Casi todo aquí ya ha sido dicho y comentado o será discutido con mayor detalle en un capítulo posterior. Este es un resumen majestuoso de la grandeza de Jesús como sumo sacerdote. Sin embargo, hay una nueva idea importante que podemos extraer del versículo 27. Aquí vemos que, en el nuevo pacto, Jesús es tanto el sacerdote que ofrece el sacrificio como el propio sacrificio: "Se ofreció a sí mismo". ¡Qué maravilloso sumo sacerdote! Los sumos sacerdotes bajo el antiguo pacto hacían sacrificios de animales. Según la regulación de Levítico 16:6, el sumo sacerdote tenía que pagar por el toro que se ofrecía por sus propios pecados. Por lo tanto, el sumo sacerdote sí tenía que arriesgar algo en este asunto, pero no le costaba excesivamente hacer el sacrificio en el Día de la Expiación. Era una tarea ardua hacer los sacrificios en Yom Kipur, y podemos suponer que los sacerdotes hacían los sacrificios con gran temor por su propia seguridad, pero, aun así, el costo personal para el sumo sacerdote levítico no era grande. Esto es muy diferente de nuestro perfecto y eterno sumo sacerdote Jesús. ¿Qué fue lo que él ofreció? ¡Se ofreció a sí mismo! Este sacrificio le costó mucho al sacerdote, todo lo que tenía: su misma vida.

Con suerte, nuestros amigos judíos perdonarán nuestro uso de esta analogía, pero tal vez hayas escuchado la historia de la gallina y el cerdo discutiendo el costo del desayuno que se servirá al día siguiente. La gallina se jacta del gran sacrificio que está haciendo al entregar uno de sus huevos para alimentar a la familia. El cerdo, sin embargo, no está tan impresionado por el "sacrificio" del pollo, porque para producir tocino, el cerdo debe sacrificarlo todo.

Notas _____

7. Los eruditos dividen los salmos en varias categorías. Uno de ellos son los salmos reales, que son poemas dedicados al aspecto real de Dios o a la naturaleza profética del reinado de David y su relación con Jehová como rey de los judíos. Los salmos reales incluyen el Salmo 110, por supuesto, así como los Salmos 2, 18, 20, 21, 45, 72, 101, 132 y 144.

Capítulo 11

Jesús es el autor de un mejor pacto
Hebreos 8:1-13

El capítulo 8 es el capítulo más corto de Hebreos, pero hay mucho aquí para analizar. El punto principal que se plantea en esta sección del libro es que el pacto establecido por Jesús es muy superior al pacto anterior hecho con Moisés en el Sinaí. La grandeza del pacto cristiano se basa en el sumo sacerdocio perfecto de Jesús, como aprendimos en Hebreos 7.

Ya hemos considerado con mucho detalle qué es un sacerdote y cuál es la naturaleza del sacerdocio, tanto para el mundo antiguo en general como para los judíos específicamente. Es hora de pensar cuidadosamente sobre la idea del pacto. En sus términos más amplios, un pacto es un acuerdo solemne entre dos o más partes. El *Diccionario de la lengua española* lo define como un "concierto o tratado entre dos o más partes que se comprometen a cumplir lo estipulado". Hay dos palabras en griego que se traducen al español como "pacto". Una de ellas es la más común: *suntheke*. Este era el término aplicado por la sociedad griega a los pactos matrimoniales y a casi todos los contratos, así como a los acuerdos diplomáticos entre gobiernos. Es el término utilizado para describir un acuerdo mutuo entre las partes. En otras palabras, dos o más se juntan, acuerdan un conjunto de términos y pasan por cualquier ceremonia requerida en la cultura local para establecer este acuerdo entre ellos.

Aunque es la palabra griega más común para un pacto, *suntheke* no se usa en el libro de Hebreos. En cambio, se usa un término griego más especializado: *diatheke*. El término *diatheke* se aplica a un pacto que emana de una de las partes involucradas en el acuerdo pero que es vinculante para todos. El uso más común de la palabra *diatheke* es en el caso de un testamento. De hecho, en Hebreos 8, la palabra "testamento" podría haber sido utilizada en lugar de "pacto" en los versículos 7-10 y en el versículo 13. Un testamento es un pacto vinculante para un grupo de personas, pero uno que surge enteramente por iniciativa de una persona. Además, el testamento o pacto no entra en vigor hasta que muere el que lo elaboró. El nuevo pacto es un *diatheke*. Es, en efecto, un testamento establecido por Dios y puesto en efecto al morir su Hijo Jesús. Miremos por un momento Hebreos 9:16-19:

En el caso de un testamento, es necesario constatar la muerte del testador, pues un testamento solo adquiere validez cuando el testador muere, y no entra en vigor mientras vive. De ahí que ni siquiera el primer pacto se haya establecido sin sangre. Después de promulgar todos los mandamientos de la ley a todo el pueblo, Moisés tomó la sangre de los becerros junto con agua, lana escarlata y ramas de hisopo, y roció el libro de la ley y a todo el pueblo.

La palabra griega traducida como "testamento" en Hebreos 9:16 es *diatheke.* Tanto el antiguo como el nuevo pacto fueron puestos en vigor por medio de la sangre, a través de un sacrificio. Cuando entró en vigor el nuevo pacto, reemplazó por completo el pacto que se había establecido con los judíos en el Sinaí. Y el pacto mediante la sangre establecido por la muerte de Jesús es verdaderamente superior. Volvamos al texto del capítulo 8.

Ahora bien, el punto principal de lo que venimos diciendo es que tenemos tal sumo sacerdote, aquel que se sentó a la derecha del trono de la Majestad en el cielo, el que sirve en el santuario, es decir, en el verdadero tabernáculo levantado por el Señor y no por ningún ser humano.

A todo sumo sacerdote se le nombra para presentar ofrendas y sacrificios, por lo cual es necesario que también tenga algo que ofrecer. Si Jesús estuviera en la tierra, no sería sacerdote, pues aquí ya hay sacerdotes que presentan las ofrendas en conformidad con la ley. Estos sacerdotes sirven en un santuario que es copia y sombra del que está en el cielo, tal como se le advirtió a Moisés cuando estaba a punto de construir el tabernáculo: «Asegúrate de hacerlo todo según el modelo que se te ha mostrado en la montaña». Pero el servicio sacerdotal que Jesús ha recibido es superior al de ellos, así como el pacto del cual es mediador es superior al antiguo, puesto que se basa en mejores promesas. (Hebreos 8:1-6)

Vamos a tener que hacer un pequeño paréntesis antes de discutir los pactos, para que el escritor de Hebreos haga un par de comentarios sobre el sacerdocio y el tabernáculo. Su punto principal en toda la sección central de Hebreos, que son los capítulos 7-10, es que Jesús es nuestro sumo sacerdote perfecto. Esta afirmación se basa en el hecho de que el tabernáculo en el que mora es superior; y es por su sacerdocio que tenemos un pacto superior y mejores sacrificios.

Una razón por la que sabemos que Jesús es mucho más grande que el sumo sacerdote levita es que en el tabernáculo celestial él está sentado a la diestra de Dios. Lo que podría parecer un punto sin importancia para un gentil, que Jesús está sentado, es algo que un judío ciertamente no pasaría por alto. A los sacerdotes no se les permitía sentarse cuando ministraban en el tabernáculo, o más tarde en el templo. No había sillas allí excepto, por supuesto, para el propiciatorio. ¿Quién se sienta en el tabernáculo? Dios lo hace. El propiciatorio, en la parte superior del arca del pacto, es el lugar donde Dios "se sienta". Es su trono. Los sacerdotes deben estar de pie cuando están en el santuario, porque él es Dios y ellos no. Pero Jesús, nuestro sumo sacerdote, está sentado a la diestra del trono de los cielos. ¡Qué maravilloso sumo sacerdote tenemos en Jesús! Él es nuestro Señor y nuestro Dios (Juan 20:28).

¿Dónde sirve Jesús? Sirve en lo verdadero, en el único tabernáculo que realmente importa, aquel donde está el trono de Dios. En comparación, tan asombroso como es, el templo terrenal es solo "copia y sombra del que está en el cielo". Tómate un tiempo ahora mismo para leer Apocalipsis 4:1-11 e imagina a Dios en su trono, y luego mira Apocalipsis 5:1-14 y ten una visión de Jesús sentado a su diestra. Esto es de lo que estamos hablando.

Y fíjate en esto: ¿Qué está haciendo Jesús en el tabernáculo real, el celestial? Está sirviendo. No está gobernando, aunque ciertamente tiene derecho a hacerlo. ¿A quién está sirviendo? ¿A quién está ministrando? A ti y a mí. Él es *nuestro* sumo sacerdote. Está mediando en *nuestro* favor. ¿Te da eso motivos para tener confianza y alegría?

Se nos recuerda que el tabernáculo donde Jesús está sirviendo como nuestro mediador en este momento no es un edificio ordinario. No está hecho por manos humanas. Por cierto, aunque el tabernáculo era un edificio portátil, algo así como una tienda de campaña muy elegante, era hermoso y requirió una gran riqueza para construirlo. El templo construido por Salomón fue considerado el edificio más hermoso e impresionante del mundo. Por supuesto, esa era la opinión de los judíos, y pueden haber sido un poco parciales, pero este era un santuario asombroso. Pero seamos realistas acerca de este edificio: fue construido por manos humanas. Seguramente hubo pequeños errores en el tejido de la cortina, y las columnas cilíndricas no eran cilindros perfectos. Había imperfecciones tanto en el tabernáculo como en el templo, pero el tabernáculo donde Jesús ministra a nuestro favor es sobrenaturalmente perfecto.

Jesús no sirvió en el tabernáculo terrenal, porque en la época en que se escribió Hebreos, ya había sacerdotes designados para ese oficio sirviendo en el santuario de Jerusalén. Se nos dice que "si estuviera en la tierra, no sería sacerdote". Esto parece un poco sorprendente. ¿No fue Jesús un sacerdote incluso mientras estuvo en la tierra? Para entender lo que dice el autor, considera lo que Jesús dijo de sí mismo en Juan 12:47: "No vine a juzgar al mundo, sino a salvarlo". Bueno, ¿no es Jesús un juez? Sí lo es, pero no vino en forma humana para juzgar. Su papel como juez vendrá después. ¿No es Jesús un sacerdote? Sí, pero no vino en forma humana para servir como sacerdote. Asumió ese papel después de dar su sangre para establecer el nuevo pacto.

Una de las funciones importantes de los sacerdotes aarónicos era ofrecer tanto ofrendas como sacrificios. No son iguales; los sacerdotes traían dos cosas cualitativamente diferentes: ofrendas y sacrificios. Los obsequios, también conocidos como ofrendas, incluían el holocausto (*olah,* Levítico 1), la ofrenda de cereal (*minjá,* Levítico 2), la libación (*nesek,* Levítico 23:13) y la ofrenda de comunión (*shelem,* Levítico 7:11-15). Estas ofrendas se entregaban como actos de adoración. Eran un "aroma grato al Señor" (Levítico 1:17). No tenían nada que ver con la expiación. En realidad, en la ofrenda de libación y cereal, ni siquiera estaba involucrada la sangre. Las ofrendas se mencionan aquí en Hebreos 8:3-4 y en 9:9, pero no juegan un papel importante en Hebreos. Los sacrificios, sin embargo, son clave para el libro. Eran por los pecados cometidos, ya sea contra Dios o contra el prójimo. Incluían el sacrificio por el pecado (*jatat,* Levítico 4:1-5:13), el sacrificio por la culpa (*asham,* Levítico 5:14-6:7) y el sacrificio de la vaca de piel rojiza (Números 19). Estos sacrificios definitivamente no producían un aroma agradable, ya que olían a pecado. A menudo eran quemados fuera del campamento. Se discutirán en detalle en el capítulo sobre Hebreos 9:12-10:18.

El punto en este pasaje no es lo que traen los sacerdotes, sino la naturaleza del lugar donde sirven. Los sacerdotes levitas servían en un santuario que era simplemente una copia y una sombra. Podríamos resumir toda la sección central de Hebreos usando estas dos palabras. Cada aspecto del judaísmo, su tabernáculo, sus dones y sus sacrificios, son meras copias y sombras de la realidad que tenemos en Cristo.

La palabra traducida como "copia" es *hupodeigma.* Podría traducirse como "boceto", "plano" o "diorama". ¿Recuerdas esos pequeños modelos de cartón que hacías cuando eras niño? Se llamaban dioramas.

Tal vez hiciste un modelo de los peregrinos o de los generales Lee y Grant (para aquellos que no son de los EE. UU., perdonen mis ejemplos coloquiales). Pusiste pequeñas figuras de plástico allí y pequeñas pistolas de juguete o calabazas o lo que sea para preparar la escena. Así era el tabernáculo o templo donde adoraban los judíos. En el Museo de Jerusalén hay un famoso modelo a escala de la antigua ciudad que muchos turistas visitan en la antigua capital judía. Es la representación de un artista de Jerusalén elaborada en el primer siglo. Imagínate viajar hasta Jerusalén solo para ir a ver el modelo a escala, pero nunca visitar ni recorrer la ciudad. Eso sería una pérdida de tiempo. Así es la forma de adoración judía comparada con la realidad que tenemos en Cristo. Lo creas o no, algunos de los cristianos judíos estaban volviendo a confiar en el diorama. Podríamos caer en lo mismo si confiamos en nuestras acciones religiosas o nuestras obras o incluso en nuestra iglesia para mantener nuestra relación con Dios. ¿Dónde encuentras tu seguridad, en Jesús o en las cosas religiosas?

La segunda palabra que se usa aquí para describir el tabernáculo judío es *skia*. Esta palabra puede significar sombra, reflejo o silueta. Escritores griegos como Platón utilizaron a menudo la metáfora de la sombra o el reflejo. Describieron este mundo físico como una mera sombra, pero los cielos como la realidad mayor. Esta idea era familiar para la audiencia de Hebreos. ¿Cuánto pesa una sombra? ¿De qué está hecha una silueta? Las sombras no tienen color y son solo bidimensionales. Imagina que alguien se acerca a ti y habla con tu sombra en lugar de hablar contigo. Eso sería realmente extraño, y también parecería muy tonto. Así es basar nuestra relación con Dios en las cosas del mundo o en ceremonias religiosas. Esto es lo que estaban comenzando a hacer los cristianos judíos a quienes se dirigió Hebreos. Como veremos en Hebreos 10:1, "La ley es solo una sombra de los bienes venideros, y no la presencia misma de estas realidades". La ley de Moisés y los reglamentos prescritos en la ley, así como las fiestas y los sacrificios, son solo prefiguras de las cosas que tenemos en Cristo. Todo en el judaísmo estaba, simplemente, preparando el camino para que cuando llegara lo real, pudiéramos cambiar inmediatamente nuestra atención de la sombra a la realidad. Por lo tanto, quitemos los ojos de la sombra; no perdamos el tiempo contemplando el diorama. Miremos a Jesús.

Debido a que el tabernáculo era, en esencia, un modelo a escala del tabernáculo real, Moisés fue advertido cuando estaba por hacer el tabernáculo y sus accesorios: "Procura que todo esto sea una réplica exacta de lo que se te mostró en el monte" (Éxodo 25:40). La montaña, por supuesto, es el Sinaí. ¿Por qué era tan importante que Moisés hiciera el tabernáculo exactamente de acuerdo con las instrucciones? Porque era un modelo de algo que era santo y perfecto. La atención a los detalles fue un recordatorio tanto de lo que no era (es decir, perfecto) como de lo que el tabernáculo era una copia: la perfección misma. La sección más aburrida de toda la Biblia podría ser Ezequiel 40-46, en la que Dios le da a Ezequiel una visión del templo celestial. En estos capítulos, Dios entra en detalles casi infinitos sobre cada aspecto concebible de este templo, hasta el ancho de los pórticos (¿qué es un pórtico?) y la altura de los nichos. ¿Por qué dar todos los detalles de un templo que en realidad nunca se construyó?

> *«Hijo de hombre, cuéntale al pueblo de Israel acerca del templo, con sus planos y medidas, para que se avergüencen de sus iniquidades. Y, si se avergüenzan de todo lo que han hecho, hazles conocer el diseño del templo y su estructura, con sus salidas y entradas, es decir, todo su diseño, al igual que sus preceptos y sus leyes». (Ezequiel 43:10-11a)*

La mayoría de nosotros tendremos que admitir que cuando leemos esta sección de Ezequiel, no nos encontramos pensando de inmediato en lo pecadores que somos, pero deberíamos hacerlo. Necesitamos considerar las implicancias de la perfección de Dios, de su diseño y de su arreglo para nuestra salvación, y debemos estar convencidos de nuestra pecaminosidad y acudir a Jesús, el "autor de la salvación".

Ahora estamos listos para nuestro punto principal en el capítulo 8: "Pero el servicio sacerdotal que Jesús ha recibido es superior al de ellos, así como el pacto del cual es mediador es superior al antiguo, puesto que se basa en mejores promesas" (v. 6). Jesús nos ministra en un santuario perfecto, entregando ofrendas y sacrificios perfectos a un Dios perfecto. Así como el santuario terrenal no tiene ninguna comparación con esto, de la misma manera, el nuevo pacto puede compararse con el pacto de Moisés. Es como comparar una figura de palitos que tú o yo podríamos dibujar con la Mona Lisa. Es como comparar una cucaracha (¡perdón, cucarachas!) con un ser humano. Tenemos un pacto increíble, entonces, ¿por qué volverías al primer pacto? ¿De qué manera es superior el pacto establecido por la muerte de Jesús?

> *Efectivamente, si ese primer pacto hubiera sido perfecto, no habría lugar para un segundo pacto. Pero Dios, reprochándoles sus defectos, dijo:*
>
> *«Vienen días —dice el Señor—,*
> *en que haré un nuevo pacto*
> *con la casa de Israel*
> *y con la casa de Judá.*
> *No será un pacto*

como el que hice con sus antepasados
el día en que los tomé de la mano
y los saqué de Egipto,
ya que ellos no permanecieron fieles a mi pacto,
y yo los abandoné
—dice el Señor—.
Este es el pacto que después de aquel tiempo
haré con la casa de Israel —dice el Señor—:
Pondré mis leyes en su mente
y las escribiré en su corazón.
Yo seré su Dios,
y ellos serán mi pueblo.
Ya no tendrá nadie que enseñar a su prójimo,
ni dirá nadie a su hermano: "¡Conoce al Señor!",
porque todos, desde el más pequeño hasta el más
grande,
me conocerán.
Yo les perdonaré sus iniquidades,
y nunca más me acordaré de sus pecados».

Al llamar «nuevo» a ese pacto, ha declarado obsoleto al anterior; y lo que se vuelve obsoleto y envejece ya está por desaparecer. (Hebreos 8:7-13)

"Houston, tenemos un problema..." Había un problema con el antiguo pacto. ¿Cuál fue? Nosotros éramos el problema: "Pero Dios, reprochándoles sus defectos..." Como Dios dijo a su pueblo: "Observen mis estatutos y mis preceptos, pues todo el que los practique vivirá por ellos" (Levítico 18:5; Romanos 10:5). Pero no hicimos esas cosas, "pues todos han pecado y están privados de la gloria de Dios" (Romanos 3:23) y "no hay un solo justo, ni siquiera uno" (Romanos 3:10; Salmo 14:3). No solo todos pecan, sino que "es imposible que la sangre de los toros y de los machos cabríos quite los pecados" (Hebreos 10:4). Esta no era una buena situación.

Todo lo anterior es cierto, pero Dios nos da buenas noticias en Jeremías 31:31-34, citado aquí. Esta es la cita más larga del Antiguo Testamento en el Nuevo Testamento y es una de las profecías más significativas de la Biblia. A pesar del hecho de que "no permanecieron fieles a mi pacto", Dios planeó todo el tiempo dar un nuevo pacto, uno que fuera muy superior al antiguo. Hay varias razones por las que el pacto cristiano es mayor. Aquí van algunas:

1. Se basa en mejores promesas.

2. Se basa en la justicia de Jesús en lugar de basarse en nuestra propia justicia (lo cual es dudoso de todos modos).

3. Servimos a Dios porque queremos, no por obligación.

4. Es una relación personal, sin la intermediación de otro ser humano.

5. Bajo este pacto hay un perdón real y duradero.

Dios nos promete: "Pondré mis leyes en su mente y las escribiré en su corazón". Obedeceremos a Dios porque está en nuestros corazones. Tendremos la voluntad y el deseo de hacer lo que él dice. La razón que hace esto posible es que, en el nuevo pacto, la obligación de seguir perfectamente la ley ha sido cancelada. Dios anuló "la deuda que teníamos pendiente por los requisitos de la ley" (Colosenses 2:14). "Cristo nos libertó para que vivamos en libertad" (Gálatas 5:1); y la obligación a la ley es de lo que hemos sido liberados. Es mucho mejor servir a Dios porque lo amamos en lugar de hacerlo por obligación, bajo lo cual un solo incumplimiento trae castigo y condenación. En Cristo, "lo que vale es la fe que actúa mediante el amor" (Gálatas 5:6). Si Cristo nos ha librado de la obligación, entonces somos verdaderamente libres (parafraseando a Juan 8:36). Como Dios profetizó a través de Ezequiel: "Yo les daré un corazón íntegro, y pondré en ellos un espíritu renovado. Les arrancaré el corazón de piedra que ahora tienen, y pondré en ellos un corazón de carne" (Ezequiel 11:19). Este es un pacto mucho mejor.

En Jeremías 31 y Hebreos 8 Dios nos promete: "Yo seré su Dios, y ellos serán mi pueblo" y "Todos [...] me conocerán". Esta es una de esas "mejores promesas" de Hebreos 8:6. La relación que tenemos con Dios a través de nuestro mediador y sumo sacerdote Jesús es personal. Como fue profetizado en Oseas 2:23, "a 'Pueblo ajeno' lo llamaré: 'Pueblo mío'; y él me dirá: 'Mi Dios'". El libro de Oseas es una de las representaciones más hermosas del tipo de relación que podemos tener con Dios a través de Jesús. Somos familia. Somos amigos. Nosotros pertenecemos. Todo esto se encuentra en Cristo y en su pacto.

Lo mejor de todo es que Dios perdonará nuestra maldad, y nuestros pecados ya no serán recordados. Tenemos libertad, no solo de la obligación, sino también de los efectos horribles, debilitantes, devastadores y condenatorios de nuestro pecado. ¡Qué pacto tan sublime tenemos!

El pacto con Moisés es el presagio, y el pacto a través de Jesús es lo que se anticipa en el presagio. El antiguo pacto es el tipo, y el nuevo pacto es el antitipo. El patrón general es que las cosas en la ley de Moisés involucran lo físico, mientras que las cosas reales, las cosas en el nuevo pacto, son similares, pero están en el marco de lo espiritual. Algunos ejemplos de este principio se encuentran en la siguiente tabla.

Prefigura en la Ley de Moisés	Cumplimiento en la ley de Cristo
Obediencia a reglas definidas físicamente	Obediencia a los principios espirituales
Bendiciones físicas prometidas	Bendiciones espirituales prometidas
Impureza ceremonial eliminada	Pecado eliminado
El sacrificio salva el abismo entre la ley y el esfuerzo	El sacrificio de Jesús salva el abismo entre la ley y el esfuerzo
Sellado con la sangre de toros y machos cabríos	Sellado con la sangre de Jesús
El mediador es un sumo sacerdote imperfecto	El mediador es un sumo sacerdote perfecto, Jesucristo
Leyes, normas y reglamentos de conducta	Obediencia basada en el amor
Diezmar	Sacrificar de corazón
El sábado	"Vengan [...] y yo les daré descanso": confiar en Jesús
Muerte	Vida

Uno puede pensar que, dadas las infinitas ventajas obtenidas a través de Cristo, ninguna persona en su sano juicio volvería a confiar en la ley, pero esto es algo que estaban haciendo los cristianos a quienes se dirige el autor de Hebreos. O al menos estaban muy tentados de hacerlo. Si les pudo pasar a ellos, nos podría pasar a nosotros también. En realidad, lo que nos sucedería es el equivalente a cuando los gentiles confían en las ceremonias y leyes del Antiguo Testamento; nosotros también podríamos llegar a confiar en actos externos. Podríamos regresar del verdadero discipulado de Jesús a una religiosidad segura y cómoda. Por eso, el escritor de Hebreos siente la necesidad de decirnos una vez más: "Al llamar 'nuevo' a ese pacto, ha declarado obsoleto al anterior; y lo que se vuelve obsoleto y envejece ya está por desaparecer". Se nos dice que la sombra, el modelo a escala, el antiguo pacto, está obsoleto y es anticuado. Es como la leche cuando ha pasado un par de semanas desde que se encontraba fresca. Es hora de conseguir nueva leche. Cuando Jesús murió, la cortina del templo que separaba el Lugar Santo del Lugar Santísimo se rasgó en dos, de arriba abajo (Mateo 27:51). Esto no fue un mero hecho simbólico. Veremos en Hebreos 10 que tiene un gran significado positivo para nosotros como cristianos. Claramente, fue un acto de Dios.

¿Por qué rasgó la cortina en dos y cuál fue el resultado? No se nos dice directamente en Mateo, pero podemos inferir razonablemente que cuando se rasgó el velo, la presencia de Dios abandonó el templo. Esto sería una reminiscencia de lo que sucedió en Ezequiel 10:18-19 y 11:22-24. Por el pecado del pueblo, Dios se retiró del templo edificado por Salomón en el cual había habitado por más de trescientos cincuenta años. Cuando dejó el templo, Dios, en cierto sentido, había abandonado a su pueblo.[8] Era solo cuestión de tiempo antes de que se cumplieran las profecías de Ezequiel, cuando Nabucodonosor entró en la ciudad y quemó el templo hasta sus cimientos en el año 586 a. C.

En el año 30 d. C. la presencia de Dios abandonó el segundo templo. En ese momento, se convirtió en una cáscara vacía. Todavía se ofrecían ofrendas y sacrificios, pero a un Dios que ya no moraba en el templo. Como se dijo anteriormente, lo más probable es que Hebreos se haya escrito a mediados o finales de los años 60. En ese momento, el sistema judío de sacrificio había envejecido y se estaba desvaneciendo, como dijo el escritor de Hebreos a su audiencia. Como ya se ha mencionado, en el año 70 d. C. el general romano y futuro emperador Tito entró a la ciudad de Jerusalén y quemó el templo hasta sus cimientos, ofreciendo sacrificios paganos en el mismo sitio del templo. Lo que era viejo y se estaba desvaneciendo desapareció en el año 70 d. C., y el templo nunca más fue reconstruido y nunca lo será. El sistema de sacrificios establecido en el Sinaí ya no se practica, ni siquiera entre los que siguen siendo judíos. No confiemos en nuestras propias obras justas; fijemos la mirada en Jesús. Acerquémonos a Dios basados en un pacto nuevo y mucho mejor.

Notas _____

8. Dios no abandonó por completo a su pueblo escogido hasta el año 70 d. C. Incluso entonces, no fueron realmente abandonados, porque ya tenían acceso a él a través de la sangre de Jesús y lo habían tenido desde el año 30 d. C. Que Dios nunca abandonó a su pueblo quedó establecido en muchos pasajes del Antiguo Testamento, pero usaremos Malaquías 1:1-2, donde Dios responde a la gente cuando cuestionan su amor constante: "¿No era Esaú hermano de Jacob? Sin embargo, amé a Jacob" (es decir, Israel).

Capítulo 12

Jesús habita en un tabernáculo celestial y más excelente
Hebreos 9:1-11

El propósito de Hebreos 9:1-11 es establecer la superioridad del tabernáculo donde mora Jesús sobre el tabernáculo terrenal, que era simplemente una copia, una sombra, un diorama del verdadero desde donde Jesús nos ministra como nuestro sumo sacerdote celestial. En el capítulo 8, se menciona el tabernáculo y los sacrificios, pero el tema principal es el pacto. De manera similar, en esta sección se mencionan el pacto y los sacrificios, pero el tabernáculo es el tema principal.

> *Ahora bien, el primer pacto tenía sus normas para el culto, y un santuario terrenal. En efecto, se habilitó un tabernáculo de tal modo que en su primera parte, llamada el Lugar Santo, estaban el candelabro, la mesa y los panes consagrados. Tras la segunda cortina estaba la parte llamada el Lugar Santísimo, el cual tenía el altar de oro para el incienso y el arca del pacto, toda recubierta de oro. Dentro del arca había una urna de oro que contenía el maná, la vara de Aarón que había retoñado, y las tablas del pacto. Encima del arca estaban los querubines de la gloria, que cubrían con su sombra el lugar de la expiación. Pero ahora no se puede hablar de eso en detalle. (Hebreos 9:1-5)*

Recuerda que este es un sermón; el "predicador" no tiene tiempo para discutir todos los elementos del tabernáculo y su significado. Además, su audiencia es principalmente judía, por lo que hablarles sobre el tabernáculo sería como contarle a alguien de Argentina sobre fútbol. Lo que el autor de Hebreos no tiene tiempo y no necesita hacer, lo haremos nosotros. Consideremos con cierto detalle los elementos del tabernáculo y luego del templo, y su significado como prefiguras de la realidad que tenemos en Cristo.

Primero, se debe notar que el escritor de Hebreos habla detenidamente sobre el tabernáculo, el santuario portátil que los judíos llevaban consigo mientras se movían por el desierto, pero intencionalmente nunca menciona el templo. Lo más probable es que esto se deba a que no quiere llamar la

atención indebidamente sobre el templo, hacia el cual los cristianos judíos ya
están siendo tentados a poner demasiada devoción. Además, el tabernáculo es
el santuario cuyo patrón está realmente especificado en la ley de Moisés. Los
detalles del diseño del tabernáculo se encuentran en Éxodo 25-31 y 35-40.

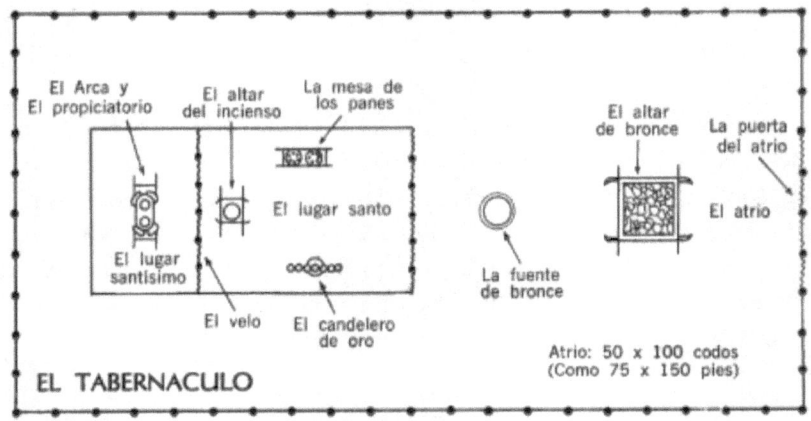

Dibujo cortesía de www.monografias.com

El tabernáculo estaba rodeado por una cortina exterior de lino blanco,
que medía aproximadamente cincuenta metros por veinticinco metros.
El blanco del lino simbolizaba la santidad del santuario. Había una sola
abertura en esta cortina/cerca, que miraba hacia el este. Cuando Israel
acampaba en el desierto, tres de las tribus acampaban al este, tres al norte,
tres al oeste y tres al sur del tabernáculo. Cuando Dios se manifestaba en el
tabernáculo, había una nube durante el día y una columna de fuego durante
la noche. Dios habitó literalmente entre su pueblo mientras anduvieron en
el desierto, lo cual tiene un gran significado cuando consideramos que en
Juan 1:14 se nos dice que Jesús vino y "habitó entre nosotros" (literalmente,
tabernaculizó entre nosotros).

Tanto en el templo de Salomón como en el de Herodes, se entraba
al patio de los levitas a través de un patio más grande para los hombres
(judíos), al que, a su vez, se entraba a través de un patio para las mujeres
(judías), que estaba rodeado por un patio más lejano para los gentiles. Todo
esto simbolizaba, no el acceso a Dios que teníamos fuera de Cristo, sino
cuán distantes y separados estábamos de Dios hasta que nuestro perfecto
sumo sacerdote Jesús nos dio acceso a él.

Al pueblo judío no se le permitía pasar la cerca exterior del patio del
tabernáculo. Solo los levitas y los sacerdotes podían entrar al patio. Era
en esta sección abierta donde se encontraban el altar del sacrificio y la
fuente. Dios habitaba en el Lugar Santísimo, al que se entraba pasando
primero por el Lugar Santo. Pero para que un sacerdote entrara en el Lugar

Santo, primero debía hacer sacrificios en el altar y limpiarse en la fuente. Recuerda que cada objeto en el tabernáculo sirve como un presagio de cómo nosotros, como cristianos, obtenemos acceso a Dios, quien mora en el Lugar Santísimo real, donde Jesús ministra. El significado simbólico del altar del sacrificio (también conocido como el altar de bronce porque estaba revestido de bronce) y de la fuente y sus equivalentes en el Nuevo Testamento no es difícil de ver. Para que tengamos acceso a Dios, el primer requisito es realizar un sacrificio. Para nosotros, por supuesto, este es el sacrificio de Jesús. Las ofrendas por el pecado y la culpa se hacían sobre el altar que estaba en el patio. ¿Es suficiente el sacrificio de Jesús para acceder a la presencia de Dios? Algunos podrían decir que sí, pero se requería que todos los sacerdotes primero se lavaran debidamente en la fuente: "Siempre que entren en la Tienda de reunión [es decir, el Lugar Santo], o cuando se acerquen al altar y presenten al Señor alguna ofrenda por fuego, deberán lavarse con agua las manos y los pies para que no mueran" (Éxodo 30:20-21a). El simbolismo de la fuente es claro. Es un presagio del bautismo, que un discípulo de Jesús debe realizar para recibir el perdón de los pecados y la morada del Espíritu Santo (Hechos 2:38-39) y, de esta manera, tener acceso al tabernáculo celestial. Solo los sacerdotes podían lavarse en la fuente, y todos los cristianos son sacerdotes (Éxodo 19:6; 1 Pedro 2:9).

Habiendo hecho un sacrificio en el altar y lavado en la fuente, el sacerdote estaba listo para entrar en el Lugar Santo. Pasaría al Lugar Santo a través de una cortina hecha de lino teñido de azul, púrpura y escarlata, que simbolizaban el cielo, la realeza y la sangre. Esta área era de forma rectangular, de unos cinco metros de alto y ancho, y diez metros de largo. A la derecha estaba la mesa de los panes de la proposición, una prefigura de Jesús, que es el pan de vida. A la izquierda estaba la menorá o candelabro de oro con siete lámparas. El candelabro es una sombra del Espíritu Santo (Zacarías 4:2-6). El tercer objeto en el Lugar Santo era el altar del incienso. Se ubicaba directamente frente a la cortina que separaba el Lugar Santo del Lugar Santísimo. El altar del incienso simboliza las oraciones de los santos (Apocalipsis 8:3-4, 5:8). El hecho de que la cortina separara el altar del incienso del Lugar Santísimo es un símbolo más, que representa que antes de la muerte de Cristo, nuestras oraciones no tenían acceso directo al Padre. Es difícil determinar por qué el escritor de Hebreos describe el altar del incienso como si estuviera en el Lugar Santísimo en Hebreos 9:3-4, ya que ciertamente estaba justo enfrente de la cortina. Esto queda claro en Éxodo 30:6. El altar se colocó "frente a la cortina" para que parte de la fragancia del incienso quemado en él pudiera penetrar la cortina y entrar en la presencia de Dios. Aarón y sus sucesores quemaban incienso en el altar todos los días (Éxodo 30:7), lo que proporciona más evidencia de que estaba frente al velo. Seguramente algo del humo del incienso quemado allí entró en el Lugar Santísimo, que puede ser lo que nuestro autor tiene en mente; pero el altar real estaba frente a la cortina.

Esta cortina, que simbolizaba nuestra separación de Dios, como la cortina a la entrada del Lugar Santo, estaba hecha de lino azul, púrpura y escarlata. En la cortina estaban bordadas figuras de querubines. Los querubines son los ángeles que impidieron que Adán y Eva accedieran al Jardín del Edén. Están alrededor del trono de Dios, protegiendo su santidad (Salmo 99:1; Apocalipsis 4:6-9; Ezequiel 1:4-14, 10:14). ¡Una persona pecadora haría bien en mantenerse alejada de los querubines!

En el Lugar Santísimo estaba el arca del pacto. Dentro del arca había una jarra de oro con maná, la vara de Aarón y las dos tablas en las que Moisés recibió los Diez Mandamientos. El propiciatorio era la cubierta del arca. Simbólicamente, el propiciatorio "cubre" la ley de Moisés, ya que representa la misericordia de Dios, que reemplaza a la ley. La presencia de Dios estaba sobre el propiciatorio, entre dos estatuas doradas de querubines. Era sobre el propiciatorio donde el sumo sacerdote rociaba la sangre del toro y del macho cabrío sacrificados en el Día de la Expiación. En la tabla a continuación se señala un resumen de los elementos que se encontraban en el tabernáculo y su significado como presagios.

Objeto en el Tabernáculo o Templo	Antitipo en el Nuevo	Escrituras de referencia
El tabernáculo mismo	Dios habitando con su pueblo	Juan 14:1-3, 1:14; Apocalipsis 1:13
El altar de bronce del sacrificio	El sacrificio de Jesús por los pecados	Hebreos 9:14
El lavabo/la fuente	Bautismo	Tito 3:5
Los panes de la proposición	El pan de vida, Jesús	Juan 6:48-51
El candelabro	El Espíritu Santo	Zacarías 4:2-6
El altar del incienso	Las oraciones de los santos	Apocalipsis 5:8
El hilo azul, púrpura y escarlata	Los cielos, la realeza de Dios, la sangre de Jesús	
La cortina	La separación de Dios	Mateo 27:51
El arca del pacto	La presencia de Dios	Salmo 132:7-8
El propiciatorio	La gracia de Dios	Salmo 99:1
Los querubines	Los que protegen la santidad de Dios	Ezequiel 10:15-22

Verdaderamente, el tabernáculo era una estructura magnífica, lo suficientemente hermosa y sagrada para que Dios pudiera morar en el Lugar Santísimo. Pero, así como el primer pacto no fue perfecto (Hebreos 8:7), tampoco lo fue el tabernáculo. Era simplemente un modelo a escala del tabernáculo celestial real y, además, representaba la separación de Dios al menos tanto como representaba el acceso a él.

> *Así dispuestas todas estas cosas, los sacerdotes entran continuamente en la primera parte del tabernáculo para celebrar el culto. Pero en la segunda parte entra únicamente el sumo sacerdote, y solo una vez al año, provisto siempre de sangre que ofrece por sí mismo y por los pecados de ignorancia cometidos por el pueblo. Con esto el Espíritu Santo da a entender que, mientras siga en pie el primer tabernáculo, aún no se habrá revelado el camino que conduce al Lugar Santísimo. Esto nos ilustra hoy día que las ofrendas y los sacrificios que allí se ofrecen no tienen poder alguno para perfeccionar la conciencia de los que celebran ese culto. No se trata más que de reglas externas relacionadas con alimentos, bebidas y diversas ceremonias de purificación, válidas solo hasta el tiempo señalado para reformarlo todo.*
>
> *Cristo, por el contrario, al presentarse como sumo sacerdote de los bienes definitivos en el tabernáculo más excelente y perfecto, no hecho por manos humanas (es decir, que no es de esta creación). (Hebreos 9:6-11)*

Ya hemos visto, en el capítulo de Hebreos 4:14-5:10, que una función principal del sumo sacerdote era entrar en el Lugar Santísimo una vez al año para hacer un sacrificio de expiación por los pecados del pueblo. Y se nos recuerda aquí que este sacrificio no era por el pecado voluntario, sino solo por los "pecados de ignorancia". Lamentablemente, ¡este no es el único tipo de pecado por el que necesitamos expiación! Todos nosotros hemos cometido incontables actos deliberados y rebeldes contra la santidad de Dios. Los sumos sacerdotes judíos no pudieron ayudar en ese tipo de situaciones. Aprendemos algunas cosas más aquí que apuntan a la debilidad e ineficacia de los sacrificios hechos por los sumos sacerdotes en el orden de Aarón. No nos dieron acceso al Lugar Santísimo, ni siquiera a la copia, mucho menos al real. El camino "aún no se habrá revelado". Eso es un gran inconveniente, por decirlo suavemente. Mientras el tabernáculo (o el templo) estuviera funcionando, el acceso a Dios no estaba disponible. Afortunadamente para nosotros, cuando Jesús murió y la cortina se rasgó en dos, el tabernáculo/templo dejó de funcionar, y en ese momento obtuvimos acceso a la presencia de Dios, aunque no a través del templo de Herodes.

Hay más. El Espíritu Santo nos está diciendo aquí que esto es una ilustración (griego: *parabole,* ilustración, parábola, figura de lenguaje) de que las ofrendas y sacrificios en la ley de Moisés no limpiaban nuestras conciencias. Esto no es sorprendente. ¿Qué molesta más a nuestra conciencia, los pecados que cometimos por ignorancia, o los que cometimos voluntariamente? Además, aunque nuestra conciencia nos engañara y nos sintiéramos libres de culpa, quedaba el hecho de que nuestros pecados no eran perdonados.

¿Por qué nuestras conciencias todavía se sentían culpables? ¡Porque todavía éramos culpables! Las ofrendas y sacrificios descritos en Levítico "no se [tratan] más que de reglas externas relacionadas con alimentos, bebidas y diversas ceremonias de purificación, válidas solo hasta el tiempo señalado para reformarlo todo". ¡Esta revelación sobre la ley de Moisés es devastadora! Solo involucraba cosas externas. Los sacrificios en el pacto establecido a través de Moisés solo producían limpieza ceremonial. En otras palabras, no quitaban el pecado. Eran solamente una medida provisional para que los judíos pudieran adorar a Dios sin ser destruidos por él. La ley de Moisés era grandiosa, los sacrificios asombrosos y el tabernáculo impresionante, pero cuando consideramos lo que tenemos en Cristo, palidecen en comparación.

¿Estás listo para algunas noticias realmente asombrosas que te cambiarán la vida? "Pero Cristo ya vino, y ahora él es el Sumo sacerdote de los bienes definitivos. El santuario donde él actúa como sacerdote es mejor y más perfecto, y no ha sido hecho por los hombres; es decir, no es de esta creación" (Hebreos 9:11 DHH). Algunos de los "peros" de la Biblia van seguidos de malas noticias, pero este no es uno de ellos. A través de su mejor sacrificio, Cristo está intercediendo por nosotros en un tabernáculo mucho mejor. Él está sirviendo a favor de nuestros intereses y hablando por nosotros en un tabernáculo perfecto, uno que, a diferencia del tabernáculo judío, no está hecho por manos humanas y no tiene imperfecciones. Amigos, esto es real. Es el tabernáculo mediante el cual tenemos acceso a Dios.

¡Qué gran tabernáculo es este! Es el lugar donde mora Dios, no solo en un sentido limitado, como lo hizo en el tabernáculo en el desierto. Aquí tenemos acceso sin restricciones a nuestro Padre en el cielo. Los postes de madera que sostenían la superestructura del templo finalmente se descompusieron o tal vez fueron comidos por las termitas. Con el tiempo, las cortinas fueron devoradas por las polillas. Pero este, el tabernáculo en el que entró Jesús, no es parte de esta creación. Esta creación es buena, muy buena (Génesis 1:31), pero no es eterna y no es perfecta. Verdaderamente, el tabernáculo donde sirve Jesús es uno mucho mayor.

Capítulo 13

Jesús ofrece un mayor sacrificio
Hebreos 9:12-10:18

Si el capítulo 7 de Hebreos es el corazón del argumento del libro, entonces Hebreos 9:12-10:18 es la culminación y el pináculo de lo que estamos aprendiendo acerca de la grandeza de nuestro sumo sacerdote Jesús. No es el pacto lo que nos salva. No es el tabernáculo lo que nos salva. Es el sacrificio de Jesús el que nos salva y nos hace uno con Dios, y su sacrificio es de un valor inconmensurablemente mayor que todos los sacrificios del antiguo pacto.

Hebreos 9:12-14 es uno de los pasajes más bellos y conmovedores del libro.

> *Entró una sola vez y para siempre en el Lugar Santísimo. No lo hizo con sangre de machos cabríos y becerros, sino con su propia sangre, logrando así un rescate eterno. La sangre de machos cabríos y de toros, y las cenizas de una novilla rociadas sobre personas impuras, las santifican de modo que quedan limpias por fuera. Si esto es así, ¡cuánto más la sangre de Cristo, quien por medio del Espíritu eterno se ofreció sin mancha a Dios, purificará nuestra conciencia de las obras que conducen a la muerte, a fin de que sirvamos al Dios viviente!*

El sacrificio de Jesús es tan superior a cualquier aspecto establecido en la ley de Moisés que casi no tiene sentido compararlos, pero los compararemos. En Hebreos 9:12-28, la comparación toma la forma de un análisis de tipo/antitipo en el cual el Día de la Expiación judío, Yom Kipur, es el tipo, y la muerte sacrificial de Jesús es el antitipo. El argumento comienza en Hebreos 9:11 cuando el autor señaló que: "Cristo, por el contrario, al presentarse como sumo sacerdote de los bienes definitivos en el tabernáculo más excelente y perfecto, no hecho por manos humanas (es decir, que no es de esta creación)". Este versículo conecta el argumento sobre los dos tabernáculos con el argumento sobre los sacrificios. Ya hemos visto varias relaciones tipo/antitipo usadas en Hebreos. Moisés es el tipo, y Jesús es el antitipo, pero es mucho mayor que Moisés. Melquisedec es el tipo y Jesús es el antitipo, pero su sacerdocio es considerablemente superior. El antiguo pacto es el tipo, y el nuevo pacto es el antitipo, pero el pacto en Cristo es mayor que el anterior. El tabernáculo terrenal es el tipo, y el tabernáculo celestial es el antitipo, de los cuales el primero es solo un modelo a escala y una sombra.

El Día de la Expiación es el tipo, y el sacrificio sumo sacerdotal de Jesús es el antitipo, pero al igual que con los otros ejemplos, el antitipo es inconmensurablemente mayor en cuanto al beneficio que otorga al pueblo de Dios. Algunas de las razones para ello, figuran en la siguiente tabla.

El sacrificio menor (cabras, toros, vaquilla roja)	El mayor sacrificio (Jesús)
Externo (apariencia)	Interior (espiritual)
Temporal (continuamente repetido)	Eterno (hecho solo una vez)
Ceremonial	Verdadero
No voluntario	Voluntario
Mecánico	Espontáneo (por elección)
Inconsciente	Racional, consciente

¿Por qué el sacrificio de Jesús, así como el tabernáculo, es "más excelente y perfecto"? En primer lugar, porque la sangre de Jesús es mucho más eficaz para expiar el pecado que la "sangre de machos cabríos y de toros". La sangre de machos cabríos y becerros es una referencia directa al Día de la Expiación. Cuando el sumo sacerdote entraba en el Lugar Santísimo para hacer expiación, primero entraba con la sangre de un toro joven (la palabra hebrea puede significar un toro joven o becerro), rociando siete veces sobre el propiciatorio. Luego, volvía brevemente del santuario interior y mezclaba la sangre del becerro con la del macho cabrío del sacrificio, volviendo a rociar la mezcla siete veces sobre la cubierta de expiación.

¿Por qué la sangre de Cristo es mucho mejor para nosotros que la de los toros y machos cabríos? Primero, porque produce "rescate eterno". ¿Qué es mejor, tener redención temporal o redención eterna? ¿Preferirías que te quitaran la culpa por un día o por la eternidad? Si tu culpa es eliminada solo de forma temporal, ¿realmente se habrá eliminado de manera efectiva? Otra enorme diferencia entre el efecto de la sangre de Jesús y el de los animales es que la sangre de los animales solo creaba limpieza ceremonial. Bajo el pacto anterior, lo externo estaba suficientemente limpio para que los judíos pudieran adorar a Dios sin ser destruidos, pero el interior aún estaba corroído y totalmente manchado por el pecado. La sangre de Cristo nos limpia del pecado por dentro y por fuera.

Como se nos dice, la sangre de Cristo, a diferencia de la de los machos cabríos y los becerros, nos da una conciencia limpia. Hagámonos una pregunta. ¿Qué sería más valioso para ti que tener una conciencia purificada "de las obras que conducen a la muerte"? ¿Qué vale más, una bonita casa de vacaciones o una conciencia totalmente limpia? ¿Por qué pagarías más, por un atuendo elegante listo para estrenar o por la eliminación de una sentencia de muerte? Esto explica cuánto más excelente es el sacrificio de Jesús que cualquier cosa señalada en la ley de Moisés.

No debemos olvidar que Jesús también fue un sacrificio sin mancha. En esto era similar a los sacrificios judíos, pero mejor que ellos. Los corderos sacrificados para la Pascua, así como los animales sacrificados en el Día de la Expiación, debían ser sin defecto físico. Jesús también fue alguien sin imperfecciones; él era humano y sufrió todas las tentaciones como nosotros, pero permaneció espiritualmente perfecto, sin mancha. El tipo tenía que ser físicamente sin defectos. El antitipo, siendo humano, tenía que ser espiritualmente sin defectos. ¿Qué es más raro, ser físicamente alguien sin defectos o ser alguien espiritualmente sin mancha?

En el versículo 12, se señala la sangre de machos cabríos y becerros, mientras que en el versículo 13, se menciona la sangre de machos cabríos y toros y las cenizas de una novilla, todas ellas producen limpieza meramente ceremonial. La relación tipo/antitipo entre el Día de la Expiación y la sangre de Jesús se anticipa en ambos versículos, pero ¿qué pasa con "las cenizas de una novilla"? No hay nada acerca de las cenizas de una novilla en la descripción del Día de la Expiación. Estas cenizas son una referencia a otro sacrificio, el de la vaca de piel rojiza (Números 19:2). Para que lo sepas, una novilla es una vaca hembra joven, especialmente una que aún no ha dado a luz.

No hay duda de que el escritor de Hebreos incluye el sacrificio de la vaca roja, ya que es lo único posible en el sistema sacrificial judío al que se puede estar refiriendo. Al principio, parece extraño introducir lo que es una parte relativamente poco clara del sistema de sacrificios cuando el tema es la relación tipo/antitipo entre el Día de la Expiación y el sacrificio de sangre de Jesús. El sacrificio de la vaca roja se describe en Números 19:1-22. Resulta interesante que no se mencione en Levítico. Los eruditos creen que puede deberse a que su promulgación ocurrió antes de que se entregara la ley en el Sinaí. El propósito de este sacrificio era crear limpieza ceremonial para aquellos que habían tocado un cadáver u otro objeto impuro.

> «La novilla será quemada. [...]
> »Entonces un hombre que esté limpio juntará las cenizas de la novilla y las depositará fuera del campamento en un lugar limpio, y la congregación de los israelitas las guardará para el

112   HEBREOS

agua para la impureza; es agua para purificar del pecado. [...]

»El que toque el cadáver de una persona quedará inmundo por siete días». Y aquel se purificará a sí mismo de su inmundicia con el agua al tercer día y al séptimo día, y entonces quedará limpio [...] Cualquiera que toque un cadáver, el cuerpo de un hombre que ha muerto, y no se purifique a sí mismo, contamina el tabernáculo del SEÑOR; y esa persona será eliminada de Israel. Será inmundo porque el agua para la impureza no se roció sobre él; su impureza aún permanece sobre él. [...]

»De igual manera, todo el que en campo abierto toque a uno que ha sido muerto a espada, o que ha muerto de causas naturales, o que toque hueso humano, o tumba, quedará inmundo durante siete días. Entonces para la persona inmunda tomarán de las cenizas de lo que se quemó para purificación del pecado, y echarán sobre ella agua corriente en una vasija. Y una persona limpia tomará hisopo y lo mojará en el agua, y lo rociará sobre la tienda y sobre todos los muebles, y sobre las personas que estuvieron allí y sobre aquel que tocó el hueso, o al muerto, o al que moría por causas naturales, o la tumba». (Números 19:5, 9, 11, 13, 16-18 NBLA)

Las cenizas utilizadas en esta purificación ceremonial eran los restos de una vaca roja que había sido quemada fuera del campamento. Esta era una novilla roja especial. Se requería que fuera completamente sin defecto, con no más de tres pelos en todo su cuerpo que no fueran rojos. Se requería que nunca hubiera estado en yugo (Números 19:2). La novilla entera era quemada. Mientras se quemaba, se echaba al fuego madera de cedro, hisopo y lana escarlata.

Todo esto es bastante interesante, pero cabe preguntarse por qué merece ser mencionado en Hebreos 9:13. El autor no lo aclara. Sugerimos dos razones por las que se mencionan en este contexto: "las cenizas de una novilla rociadas sobre personas impuras". Primero, este fue el único sacrificio en el Antiguo Testamento que se usó para purificar tanto a judíos como a gentiles. Cualquiera que viviera entre los judíos que tocara un cadáver, un hueso o una tumba podía ser limpiado ceremonialmente a través del sacrificio de la vaca roja, y esto incluía a los gentiles. La sangre de Cristo expía los pecados de todos, judíos y gentiles por igual. El Día de la Expiación no era para todos, pero sí lo era el sacrificio de la vaca roja. El hecho que sea un sacrificio para todos puede ser una de las razones por las que el escritor de Hebreos lo incluye.

Una segunda razón por la que se menciona este sacrificio relativamente desconocido puede ser que los paralelos en la relación tipo/antitipo entre el sacrificio de la novilla roja y la muerte de Jesús son extraordinarios. Cada detalle de este sacrificio apunta a Jesús. Una lista de los paralelos se encuentra en la siguiente tabla.

Aspectos del sacrificio de la vaca roja	Antitipo en el sacrificio de Jesús
Una novilla roja muy rara	Un Hijo único
Sacrificada fuera del campamento	Sacrificado fuera de Jerusalén
Purifica tanto a judíos como a gentiles	Expía el pecado de judíos y gentiles
Un sacrificio sin defecto ni mancha	Un sacrificio sin pecado
Nunca había estado en yugo	Se ofreció voluntariamente
Lana escarlata y madera incluidas	Sangre derramada en una cruz de madera
Hisopo incluido (para la purificación de los efectos de la muerte)	Nos purifica de los efectos del pecado
Agua incluida para purificación	Bautizados en Cristo para el perdón

La novilla roja nunca había estado en yugo. Esto representa en sentido figurado que nunca había sido conducida en contra de su voluntad. De manera similar, Jesús fue un sacrificio racional y voluntario. La novilla roja era única, o casi. El gran erudito judío medieval Maimónides nos informa que, en toda la historia de los judíos, solo se encontraron diez novillas rojas que cumplieron con todos los requisitos.[9] La novilla roja es casi única, y Jesús es único; el único Hijo de Dios. La novilla roja no tenía defecto. Jesús no tiene pecado. La madera de cedro, el hisopo, que simbolizaba la purificación; y la lana escarlata, que representa sangre, se añadían al sacrificio cuando se quemaba. Esta es una figura de la sangre de Jesús, que fue derramada en una cruz de madera y nos purifica del pecado. La novilla era quemada fuera del campamento. Jesús fue ejecutado fuera de la ciudad de Jerusalén. Muchas de las razones que el escritor de Hebreos quiere dar para explicar por qué es el sacrificio de Jesús es superior se ilustran con los paralelos entre el sacrificio de Jesús y el sacrificio de la vaca roja. Uno tarda unos cuarenta y cinco minutos en leer Hebreos en voz alta, que es aproximadamente la duración de un sermón típico. No hubo tiempo suficiente para que él revelara los impresionantes paralelos entre el sacrificio de la vaca roja y el de Jesús, pero aquí no estamos limitados por el tiempo. El sacrificio de Jesús es verdaderamente inmenso.

"¡Cuánto más la sangre de Cristo, quien por medio del Espíritu eterno se ofreció sin mancha a Dios, purificará nuestra conciencia!" (v. 14). Sí, efectivamente, ¡cuánto más eficaz es la sangre de Jesús! Otra cosa que hace que su sacrificio sea superior es que Jesús "se ofreció a sí mismo". Esto nos dice dos cosas acerca de Jesús como sacrificio que hacen que esta ofrenda sea mucho mejor que la de una oveja, una cabra o un toro: el suyo fue un sacrificio voluntario, y la suya fue una ofrenda racional. Si le pidiéramos permiso a la cabra o al toro para quitarle la vida, en primer lugar, el animal no sería capaz de entender la pregunta. Un animal no es un ser racional; no es consciente de sí mismo como lo era Jesús. Pero incluso si de alguna manera pudiéramos comunicarnos con la oveja para que pudiera entender lo que le estamos preguntando, seguramente la respuesta sería un enfático "¡No! ¡No tienes permiso para quitarme la vida!". ¿Cuál es un mejor sacrificio, uno dado voluntariamente o uno que se toma de una criatura que ni siquiera es consciente de lo que está pasando y se negaría si se le pudiera pedir? En Isaías 53:7 se nos dice acerca de Jesús que "como cordero, fue llevado al matadero". En cierto sentido, Jesús era como el cordero, cuyo sacrificio en el matadero no tuvo que ser forzado . En otro sentido, él no es como una oveja, porque una oveja no tiene idea de lo que viene, pero Jesús ciertamente la tenía, mientras oraba: "Padre mío, si no es posible evitar que yo beba este trago amargo, hágase tu voluntad" (Mateo 26:42).

¿Cuál es el resultado de este increíble sacrificio, el sacrificio de Jesús? No solo que se nos concede una conciencia eternamente limpia, sino que somos purificados para que podamos servir a Dios (9:14). El propósito de los sacrificios judíos era proveer limpieza ceremonial para que la gente pudiera adorar a Dios sin temor. La sangre de Jesús tiene el mismo efecto para nosotros, pero hace mucho más. Por su sacrificio, somos hechos ministros de la reconciliación (2 Corintios 5:18). Somos limpiados para que podamos servir a Dios en la obra más importante del universo, que es ayudar a otros a conocer a Cristo. Sin la sangre de Cristo, somos "incapaces de hacer nada bueno" (Tito 1:16). Realmente necesitábamos este sacrificio.

El escritor de Hebreos tiene más que decir acerca de este sacrificio más grande:

> *Por eso Cristo es mediador de un nuevo pacto, para que los llamados reciban la herencia eterna prometida, ahora que él ha muerto para liberarlos de los pecados cometidos bajo el primer pacto.*
>
> *En el caso de un testamento, es necesario constatar la muerte del testador, pues un testamento solo adquiere validez cuando el testador muere, y no entra en vigor mientras vive. De ahí que ni siquiera el primer pacto se haya establecido sin sangre. Después de promulgar todos los mandamientos de la ley a todo el pueblo, Moisés tomó la sangre de los becerros*

junto con agua, lana escarlata y ramas de hisopo, y roció el libro de la ley y a todo el pueblo, diciendo: «Esta es la sangre del pacto que Dios ha mandado que ustedes cumplan». De la misma manera roció con la sangre el tabernáculo y todos los objetos que se usaban en el culto. De hecho, la ley exige que casi todo sea purificado con sangre, pues sin derramamiento de sangre no hay perdón. (Hebreos 9:15-22)

La idea de un mayor sacrificio es el pensamiento principal de toda esta sección, pero nuestro autor vuelve, por un momento, a la superioridad del pacto realizado por la sangre de Jesús. Este fue el tema de Hebreos 8. Una cosa que nuestro autor no había mencionado en Hebreos 8 era el medio por el cual se hace efectivo un testamento o un pacto. La muerte sacrificial de Jesús es la que nos libera de los pecados que hemos cometido (v. 15), pero también es el medio y el momento en que el pacto entra en vigor. Nos recuerda algo que probablemente ya sabemos, que es que "un testamento solo adquiere validez cuando el testador muere". La muerte de Jesús ratifica el pacto y lo inicia a partir de su rol como mediador a nuestro favor en el tabernáculo celestial.

En el antiguo Cercano Oriente, los convenios se sellaban mediante lo que nos parecería un ritual extraño. En la ceremonia, se sacrificaba un animal o animales, sus cuerpos se cortaban por la mitad y los que estaban de acuerdo con el pacto caminaban entre las mitades. El significado simbólico era que quien caminaba entre los cuerpos desmembrados invocaba sobre sí mismo el mismo destino si era infiel al pacto. Esta era una ceremonia solemne. Un ejemplo de esto se encuentra en Génesis 15:8-17. En una visión, el pacto de Dios con Abraham es sellado por una antorcha que pasa entre los cuerpos divididos de una vaca, una cabra y un carnero, junto con los cuerpos de una paloma y un pichón que quedan enteros. El hecho de que solo la antorcha y no Abraham pasara entre los cadáveres partidos de los animales simbolizaba que la alianza con Abraham, así como la alianza sellada con la sangre de Jesús, fue hecha enteramente por la acción de Dios, no de Abraham. La razón de mencionar este ejemplo es que, para los judíos, un pacto no se sella hasta que el que lo ratifica se ha obligado al pacto por medio de un animal representativo. En Hebreos 9:17, la expresión podría traducirse más literalmente como "un pacto se confirma sobre los cadáveres".

Todo el siguiente párrafo podría resumirse fácilmente con su declaración final: "Sin derramamiento de sangre no hay perdón". El primer pacto establecido en Sinaí fue sellado con sangre. Obviamente, la expiación en Yom Kipur se obtenía con sangre. Incluso el sacrificio de la vaca roja, que técnicamente no implicaba sangre, incluía lana escarlata, que simboliza la sangre. Sin sangre, sin pacto. Sin sangre, sin perdón. ¿Por qué? Porque "la vida de toda criatura está en la sangre [y] la propiciación se hace por medio de la sangre" (Levítico 17:11).

Con el sacrificio más grande de Cristo aún a la vista, el escritor de Hebreos pasa a una discusión sobre el tabernáculo a la luz de este sacrificio.

> *Así que era necesario que las copias de las realidades celestiales fueran purificadas con esos sacrificios, pero que las realidades mismas lo fueran con sacrificios superiores a aquellos. En efecto, Cristo no entró en un santuario hecho por manos humanas, simple copia del verdadero santuario, sino en el cielo mismo, para presentarse ahora ante Dios en favor nuestro. Ni entró en el cielo para ofrecerse vez tras vez, como entra el sumo sacerdote en el Lugar Santísimo cada año con sangre ajena. Si así fuera, Cristo habría tenido que sufrir muchas veces desde la creación del mundo. Al contrario, ahora, al final de los tiempos, se ha presentado una sola vez y para siempre a fin de acabar con el pecado mediante el sacrificio de sí mismo. Y así como está establecido que los seres humanos mueran una sola vez, y después venga el juicio, también Cristo fue ofrecido en sacrificio una sola vez para quitar los pecados de muchos; y aparecerá por segunda vez, ya no para cargar con pecado alguno, sino para traer salvación a quienes lo esperan. (Hebreos 9:23-28)*

El escritor vuelve a la relación tipo/antitipo entre los elementos del tabernáculo terrenal y el tabernáculo celestial más perfecto. Así como era necesario que las copias en la tierra fueran limpiadas con sangre en el Día de la Expiación, así las cosas reales en el cielo tenían que ser limpiadas con sangre. Pero en Jesús tenemos "sacrificios superiores" (v. 23). La sangre de Jesús es rociada en un tabernáculo mucho mejor porque este santuario no fue "hecho por manos humanas" (v. 24) y, además, no es una mera copia del verdadero en el que Jesús nos ministra. Siempre sucede que en el Antiguo Testamento tenemos un presagio físico de una realidad espiritual que se encuentra en el nuevo pacto.

¿Cómo podemos tener certeza de que el sacrificio de Cristo es mejor, que es mucho más poderoso para proveer el perdón de los pecados? Se nos dice acerca de Jesús: "Ni entró en el cielo para ofrecerse vez tras vez" (v. 25) como el sumo sacerdote entraba en el Lugar Santísimo terrenal repetidamente bajo las normas del primer pacto. Un proceso que debe repetirse un número infinito de veces para completar el trabajo es infinitamente más débil que un proceso que completa definitivamente el trabajo la primera vez. Además, se nos recuerda que los sumos sacerdotes en el orden de Aarón traían sangre que no era la suya. El sacrificio le costó a Cristo incalculablemente más que lo que implicaba para el sumo sacerdote judío el sacrificio que realizaba en el Día de la Expiación. ¡Qué sacrificio tenemos en Jesús nuestro sumo sacerdote!

Para que se comprenda más cabalmente aún la eficacia del sacrificio de Jesús, se nos pide que consideremos cómo sería si la sangre de Cristo fuera tan ineficaz como la sangre de los toros y los machos cabríos: "Si así fuera, Cristo habría tenido que sufrir muchas veces desde la creación del mundo" (v. 26). Pero sabemos que Jesús es el "Cordero que fue sacrificado desde la creación del mundo" (Apocalipsis 13:8). Es absurdo considerar la idea de que Jesús tenga que ser crucificado repetidamente. Con suerte, a estas alturas, aquellos que escuchan la lectura de este sermón se han hecho una idea de lo grande que es Jesús.

Entonces, el escritor de Hebreos explica su punto una vez más usando una analogía. ¿Cuántas veces morimos? Todos sabemos la respuesta a esa pregunta. Nuestra muerte es completamente efectiva para terminar con nuestra vida física. De la misma manera, Cristo solo tuvo que morir por nuestros pecados una sola vez para quitar de manera efectiva, total y definitiva los pecados de aquellos que ponen su fe en él. El escritor de Hebreos no está planteando un argumento en contra de la creencia en la reencarnación (aunque este versículo podría usarse de esa manera). Está usando una analogía de sentido común para hacernos comprender el hecho de que podemos estar seguros de haber sido perdonados a través de la muerte sacrificial de Jesús. Morimos una sola vez y luego enfrentamos el juicio, pero los que estamos en Cristo podemos tener una gran confianza en el día del juicio debido a la muerte sacrificial de Jesús. Jesús vino a la tierra para salvar, no para juzgar (Juan 12:47), pero cuando regrese al final de los tiempos actuará para juzgar, no para salvar.

Jesús murió una sola vez como sacrificio expiatorio eficaz por nuestros pecados, pero resucitó de entre los muertos, ascendió a los cielos y regresará por segunda vez (v. 28). ¡El hecho de que regrese no es evidencia, acaso, de que su sacrificio no haya sido efectivo! Cuando regrese, no tendrá nada que ver con perdonar nuestros pecados. De eso ya se ha hecho cargo. Su segunda venida será la culminación de la salvación que ya tenemos, pero que aún no se concreta. En el Nuevo Testamento, la salvación se presenta como un evento que ocurre en un momento definido en el tiempo y como un proceso de cambio a lo largo del tiempo, que comenzó con nuestra salvación inicial. Entonces, en Cristo ya somos salvos, pero aún no se manifiesta. Nuestra salvación final y eterna ocurrirá cuando Jesús regrese. En Hebreos 9:11-10:18 la salvación se trata principalmente como un evento que ocurre en un momento determinado. Como dijo William Lane: "La principal preocupación del escritor en esta sección es la salvación objetiva".[10] En Hebreos 9 se nos recuerda que definitivamente somos salvos si estamos en Cristo. Es en las cinco secciones de advertencias de Hebreos que se nos dice cómo completar en la práctica nuestra salvación final y que aprendemos cómo llevar a cabo o hacer efectiva nuestra salvación con temor y temblor (Filipenses 2:12). Este es el significado de la afirmación de que "Cristo fue ofrecido en sacrificio una sola vez para quitar los pecados de muchos; y aparecerá por segunda vez, ya no para cargar con pecado alguno, sino para traer salvación a quienes lo esperan". En Hebreos 10:19 comenzaremos otra sección del libro, en la cual aprenderemos cómo es que podemos estar seguros de permanecer fieles hasta el fin mientras esperamos ansiosamente su regreso.

Resumen: El caso de la superioridad del sacrificio de Jesús como sumo sacerdote

Hebreos 10:1-18 es la finalización de una sección bastante larga del libro sobre la superioridad del sacrificio de Jesús por nuestros pecados. Es una recapitulación de todo el argumento de los capítulos 8 y 9. Por eso es lógico que quienes crearon las divisiones de capítulos comenzaran un nuevo capítulo después de Hebreos 9:28. Una buena regla para un predicador es esta: diles lo que les vas a decir, luego se los dices, luego les dices lo que les dijiste. Lo último es lo que el escritor de Hebreos está haciendo por nosotros en la primera parte del capítulo diez. Mientras estudiamos esta sección, recuerda que la carta está dirigida a los cristianos judíos que han sido gravemente tentados a regresar a la comodidad del ritual judío para escapar de los rigores de la vida peregrina que conlleva ser un discípulo de Jesús.

La ley es solo una sombra de los bienes venideros, y no la presencia misma de estas realidades. Por eso nunca puede, mediante los mismos sacrificios que se ofrecen sin cesar año tras año, hacer perfectos a los que adoran. De otra manera, ¿no habrían dejado ya de hacerse sacrificios? Pues los que rinden culto, purificados de una vez por todas, ya no se habrían sentido culpables de pecado. Pero esos sacrificios son un recordatorio anual de los pecados, ya que es imposible que la sangre de los toros y de los machos cabríos quite los pecados.

Por eso, al entrar en el mundo, Cristo dijo:

«A ti no te complacen sacrificios ni ofrendas;
en su lugar, me preparaste un cuerpo;
no te agradaron ni holocaustos
ni sacrificios por el pecado.
Por eso dije: "Aquí me tienes
—como el libro dice de mí—.
He venido, oh Dios, a hacer tu voluntad"».
Primero dijo: «Sacrificios y ofrendas, holocaustos y
expiaciones no te complacen ni fueron de tu agrado» (a pesar
de que la ley exigía que se ofrecieran). Luego añadió: «Aquí
me tienes: He venido a hacer tu voluntad». Así quitó lo primero
para establecer lo segundo. Y en virtud de esa voluntad somos
santificados mediante el sacrificio del cuerpo de Jesucristo,
ofrecido una vez y para siempre.

Todo sacerdote celebra el culto día tras día ofreciendo
repetidas veces los mismos sacrificios, que nunca pueden
quitar los pecados. (Hebreos 10:1-11)

El escritor de Hebreos inicia su resumen recordándonos lo que ya nos dijo: que el nuevo pacto, establecido por el sacrificio de Jesús, es muy superior al antiguo porque es lo real. La ley de Moisés es solo una sombra, una copia débil de lo que anticipa. Las sombras no tienen poder. No hablan ni comen ni respiran. Una sombra realmente no puede hacer nada. Todo lo que puede "hacer" es darnos una pista sobre la cosa real de la que es un mero fantasma. Los cristianos hebraicos a quienes se dirige la carta estaban cansados en su fe y temerosos de nuevas persecuciones, que parecían venir sobre ellos. Fueron tentados a confiar en las formas judías de adoración. Pero el pacto que era viejo y se estaba desvaneciendo y a punto de desaparecer por completo era ineficaz. Incluso cuando estuvo en vigor, su impacto en producir verdadera rectitud o justicia fue limitado. Ahora que Cristo ha venido, cumpliendo la ley, la eficacia del primer pacto para quitar los pecados se ha reducido a cero. Recurrir a confiar en la ley sería un error desastroso.

Las bendiciones que ya tenemos en Cristo son reales. La palabra griega traducida aquí como "realidades" es *eikon*, que significa un retrato realista o, en términos modernos, una fotografía. Cuando vemos a Cristo, logramos ver de Dios tanto como es posible ver mientras aún estamos en un cuerpo. Si viéramos más estaríamos tostados. El Hijo nos da a conocer al Padre (Juan 1:18). Es la imagen del Dios invisible (Colosenses 1:15). Esto plantea la pregunta: ¿por qué aquellos que escuchan esta carta regresarían a una imitación que no tiene poder si tuvieran acceso a la poderosa realidad? Por la misma razón que tú o yo podríamos hacer exactamente lo mismo: el mundo nos desgasta. No nos enfocamos en Jesús. Nos cansamos de hacer todos los esfuerzos posibles. Nuestra fuerza ya no proviene de la fuente verdadera, sino de imitaciones baratas como las alabanzas del mundo y los placeres de la gratificación inmediata.

Por esta razón (que la ley de Moisés era simplemente una copia borrosa), nunca puede hacer por nosotros lo que necesitamos desesperadamente, que es darnos una conciencia limpia ante nosotros mismos, ante nuestros semejantes y, lo más importante, ante Dios. ¿Cómo sabemos que estos sacrificios carecen de poder? Porque deben ser repetidos "sin cesar año tras año". Imagina que quisiste seguir una carrera en particular. Fuiste al órgano rector de la profesión y te dijeron: "No hay problema. Simplemente completa el programa de entrenamiento". "Está bien", respondes. "¿Cuánto dura el programa de entrenamiento?" La respuesta: "No tiene fin". ¡Pues no te inscribirías para ese programa de formación! Este nunca lograría el objetivo por el que deseabas inscribirte en primer lugar. Tal programa no tendría poder alguno y, en última instancia, sería inútil.

Por cierto, los sacrificios prescritos en el primer pacto sí tienen poder, pero el poder se encontraba en lo que no hacían y no en lo que hacían. El poder de estos sacrificios no era para salvar. Fueron poderosos para que nos diéramos cuenta de que necesitamos a Cristo desesperadamente. Para los judíos, los sacrificios levíticos eran un recordatorio anual de lo pecaminosos que eran. La forma en que Pablo lo expresó: "En lo que atañe a la ley, esta intervino para que aumentara la transgresión" (Romanos 5:20); para que "mediante el mandamiento se demostrara lo extremadamente malo que es el pecado" (Romanos 7:13). El poder de la ley consistía en que nos diéramos cuenta, de una manera gráfica, de cuán absolutamente pecadores somos y cuán desesperadamente necesitamos un salvador. A través de los sacrificios en el sistema mosaico, a los judíos (y a nosotros) se nos recuerda que el pecado es algo terrible y merece un juicio terrible. Necesitamos un perdón verdadero y duradero. Ello es lo que obtenemos del sacrificio de Jesús que es mejor.

Después de señalar este punto, el escritor nos lo aclara una vez más: "Es imposible que la sangre de los toros y de los machos cabríos quite los pecados" (Hebreos 10:4). Esta es la tercera vez que nos dice esta verdad. Se espera que lo estemos captando ahora. Recuerda que hemos visto en un capítulo anterior que hay cuatro cosas imposibles en Hebreos. Es imposible:

1. **Ser renovados para el arrepentimiento una vez que abandonamos la fe (Hebreos 6:4-6)**

2. Que Dios mienta (Hebreos 6:18)

3. Que la sangre de toros y machos cabríos quite los pecados (Hebreos 10:4)

4. Agradar a Dios sin fe (Hebreos 11:6)

Por eso Dios "quitó lo primero [pacto] para establecer lo segundo" (10:9). Y lo quitó porque no tenía poder alguno.

Continuaremos con este pasaje, pero detengámonos por un momento a considerar algo que acabamos de aprender. Si en Cristo hemos sido limpiados de nuestros pecados "de una vez por todas", entonces Dios nos está diciendo que ya no debemos sentirnos culpables por nuestros pecados. Todos pecamos y todos los que somos salvos nos sentimos culpables a veces. Sin embargo, debemos recordarnos a nosotros mismos que en Cristo hemos sido declarados no culpables. No queremos que te sientas culpable por sentirte culpable, pero a todos se nos debe recordar que, a los ojos de Dios, ya no somos responsables. Estamos reconciliados. Nuestros pecados son expiados. Recordemos esta realidad objetiva. Detengámonos en este hecho sorprendente y dejemos que penetre en nuestras almas para que podamos recibir el hermoso consuelo que Dios tiene para nosotros.

Nuestro propio sacrificio personal no produce nuestra salvación. Esta se encuentra únicamente en el sacrificio totalmente suficiente de Jesús. El escritor de Hebreos nos aclara este punto al citar el Salmo 40:6-8. ¿Qué quiere Dios de nosotros? Él quiere nuestra humilde sumisión y obediencia a él, no nuestras observancias religiosas. Nuestro predicador lee del Salmo 40:6, "A ti no te complacen sacrificios ni ofrendas", y luego lo repite para enfatizar en Hebreos 10:8, agregando "no te complacen ni fueron de tu agrado". Ahora, espera un minuto; estoy confundido aquí. ¿No ordenó a los judíos que hicieran tales holocaustos y ofrendas por el pecado? Sí, lo hizo. Además "la ley exigía que se ofrecieran" (v. 8). Pero ese no es el punto. Nuestros sacrificios son para ser ofrecidos y no para obtener salvación, más bien son una respuesta gratuita de amor de aquellos que ya han sido salvados. Como dijo Pablo: "Lo que vale es la fe que actúa mediante el amor" (Gálatas 5:6). ¿Lo estamos comprendiendo? Nuestros actos religiosos no logran absolutamente nada respecto a nuestra salvación, tal como el versículo 11 nos dice que "todo sacerdote celebra el culto día tras día ofreciendo repetidas veces los mismos sacrificios, que nunca pueden quitar los pecados".

No es que Dios no quiera nuestros sacrificios. Él se complace cuando hacemos sacrificios personales; son un aroma grato para él (Levítico 1:9,

2:2, 3:5, 8:28). Él lo ama. Nuestras obras, motivadas por su gracia, le alegran el día. Pero los humanos estamos constantemente tentados a sentir que nuestra relación con Dios y su amor por nosotros dependen de estos sacrificios. Cuando creemos esta mentira, somos enviados a una espiral descendente llena de culpa. No caigamos en este truco satánico; en cambio, encontremos consuelo en el amor y la aceptación que recibimos a través de Jesús, nuestro sumo sacerdote.

Jesús nos demostró de la manera más clara posible lo que Dios sí quiere de nosotros, que es un corazón de obediencia.

> *El obedecer vale más que el sacrificio. (1 Samuel 15:22)*
>
> *Tú no te deleitas en los sacrificios*
>   *ni te complacen los holocaustos;*
>   *de lo contrario, te los ofrecería.*
> *El sacrificio que te agrada*
>   *es un espíritu quebrantado;*
> *tú, oh Dios, no desprecias*
>   *al corazón quebrantado y arrepentido. (Salmo 51:16-17)*
>
> *«Lo que pido de ustedes es amor y no sacrificios,*
>   *conocimiento de Dios y no holocaustos». (Oseas 6:6)*

El Salmo 40:7-8, citado en Hebreos 10:7, es un pasaje maravilloso que nos dice lo que Dios realmente quiere de nosotros, pero también es una profecía mesiánica: "Por eso dije: 'Aquí me tienes —como el libro dice de mí—. He venido, oh Dios, a hacer tu voluntad'". En el Huerto de Getsemaní, Jesús dijo: "Padre mío, si es posible, no me hagas beber este trago amargo. Pero no sea lo que yo quiero, sino lo que quieres tú". Jesús nos mostró el camino de la obediencia. En su caso, la obediencia fue perfecta. En nuestro caso, nunca seremos perfectos en nuestra obediencia, pero lo que Dios quiere de nosotros es un corazón obediente. Nuestro deseo sincero de hacer su voluntad, en lugar de la perfección, es suficiente. Entonces la sangre de Jesús entra allí y transforma nuestro imperfecto pero sincero deseo de obedecer en perfección. ¡Este es un gran estímulo!

Cuando Jesús dice: "Me preparaste un cuerpo", lo que quiere decir es que el Padre le dio una vida en un cuerpo físico en el que podía obedecer y servir perfectamente al Padre. A través de la encarnación del Hijo, se nos mostró que la obediencia de corazón es el único sacrificio aceptable para Dios. Recordemos que no había sacrificio en la ley de Moisés para lidiar con el pecado intencional. En otras palabras, no había sacrificio por la desobediencia voluntaria. Por eso necesitábamos un sacrificio más perfecto que el de toros y machos cabríos. Una becerra o una oveja no puede ofrecer obediencia voluntaria a Dios, porque no tiene libre albedrío para someterse a Dios. Jesús fue un sacrificio voluntario y, por lo tanto, mucho más grande. El toro no dice: "Aquí estoy", pero Jesús sí. Para el resto de nosotros, la muerte acaba con nuestra vida física, pero para Jesús su muerte completó su vida, porque la dio voluntariamente en obediencia a Dios. Por tanto, "somos santificados mediante el sacrificio del cuerpo de Jesucristo, ofrecido una vez y para siempre" (v. 10). Esto es algo hermoso.

Y ahora, apliquemos esto a nosotros mismos. Si queremos hacer sacrificios personales para servir a Dios, eso es genial. Sin embargo, debemos recordar hacerlo en obediencia a lo que Dios nos ha dicho que hagamos y no hagamos. No debemos salir y hacer lo que se nos ocurre, cometiendo el error de Saúl en 1 Samuel 15, quien desobedeció mientras supuestamente se "sacrificaba". No es malo ni incorrecto hacer lo correcto porque "se supone que debemos hacerlo". A veces eso es lo mejor que podemos ofrecer, pero siempre es mucho mejor dar desde un corazón libre y abierto que quiere servir, "no de mala gana ni por obligación" (2 Corintios 9:7). Este es el tipo de sacrificio que Dios quiere de nosotros, y es el tipo que traerá bendiciones para nosotros personalmente y para la iglesia.

Completemos los pensamientos desarrollados en esta sección contemplando Hebreos 10:11-18:

> *Todo sacerdote celebra el culto día tras día ofreciendo repetidas veces los mismos sacrificios, que nunca pueden quitar los pecados. Pero este sacerdote, después de ofrecer por los pecados un solo sacrificio para siempre, se sentó a la derecha de Dios, en espera de que sus enemigos sean puestos por estrado de sus pies. Porque con un solo sacrificio ha hecho perfectos para siempre a los que está santificando.*
>
> *También el Espíritu Santo nos da testimonio de ello. Primero dice:*
>
> *«Este es el pacto que haré con ellos*
>   *después de aquel tiempo —dice el Señor—:*
> *Pondré mis leyes en su corazón,*
>   *y las escribiré en su mente».*
>
> *Después añade:*
>
> *«Y nunca más me acordaré de sus pecados y maldades».*
>
> *Y, cuando estos han sido perdonados, ya no hace falta otro sacrificio por el pecado.*

El escritor de Hebreos hace un cambio sutil aquí: de hablar del Día de la Expiación (v. 1: "año tras año") ahora se refiere a los sacrificios diarios más comunes que formaban parte del judaísmo como se prescribe en Levítico (v. 11: "día tras día"). Lo que no lograron los sacrificios realizados en el Día de la Expiación, tampoco lo logró la rutina diaria del sacrificio en el templo o tabernáculo. No tuvieron como resultado una verdadera eliminación de la culpa.

Otro indicador de la debilidad del sacerdocio levítico es que a los sacerdotes descendientes de Aarón solo se les permitía estar de pie cuando cumplían con sus deberes religiosos en el tabernáculo (v. 11). Quienes son simples siervos están de pie ante la presencia de su amo, mientras que ya sabemos que Jesús está sentado a la diestra de Dios en el santuario celestial (Hebreos 1:13). Esto se debe a que Jesús es tanto un siervo/sacerdote como un rey. Jesús, como Dios, no solo está sentado en los lugares celestiales, sino que sus enemigos serán puestos por estrado delante de él. El propósito de un estrado es ser pisado. Aquí el escritor hace referencia al Salmo 110:1. Este es el salmo sobre el sacerdocio de Melquisedec que se usa repetidamente en Hebreos.

En el capítulo 10:14 tenemos un hermoso resumen del asombroso sacrificio de Jesús que nos hace santos:

1. Es un solo sacrificio y, por lo tanto, no hace falta otro.

2. Nos hace perfectos, y por lo tanto es completo y consumado, una vez y para siempre.

3. Dura para siempre, de modo que ya poseemos la eternidad, aun en esta vida.

Por lo tanto, nuestro autor concluye citando una vez más Jeremías 31:33-34, recordándonos que tenemos un nuevo y mejor pacto. Su conclusión es esta: como nuestros pecados ya han sido perdonados, los sacrificios del Antiguo Testamento ya no son necesarios. Entonces, pasemos a cosas mejores. Podemos resumir Hebreos 9:11-10:18 de esta manera: la muerte de Jesús es lo real, su sangre es lo real, el perdón que ofrece es lo real, y el lugar donde lo ofrece para servirnos como un mediador es lo real. Es hora de nuestra cuarta exhortación.

Notas _____

9. https://www.chabad.org/library/article_cdo/aid/3613245/jewish/For-Real-How-Rare-Is-a-Red-Heifer.htm

10 William L. Lane, Hebreos 9-13, *Word Biblical Commentary* (comentario bíblico mundial) vol. 47b (Nashville, Tennessee: Thomas Nelson, 1991), 251, traducción nuestra.

Capítulo 14

Exhortación #4: Acerquémonos a Dios; no volvamos atrás
Hebreos 10:19-39

El predicador de Hebreos ha completado ahora su argumentación sobre la inmensa superioridad de Jesucristo y del pacto establecido mediante su sangre. Ahora pasará casi exclusivamente a la exhortación basada en nuestra convicción de la grandeza de nuestro Salvador (aunque hará algunos comentarios sobre la grandeza de Jesús, ¡no puede evitarlo!). Llamamos a Hebreos 10:19-39 la exhortación #4, pero en realidad es una serie de advertencias. Antes de entrar en estas, recordemos brevemente las formas en que Jesús es mayor que Moisés y el pacto establecido a través de él.

1. Jesús es mayor que los profetas (1:1-3).
2. Jesús es mayor que los ángeles (1:4-1:14, 2:5-9).
3. Jesús es mayor que Moisés (3:1-6).
4. Jesús es mayor que Josué (4:8).
5. Jesús es mayor que el sumo sacerdote aarónico (4:14-5:10).
6. Jesús es mayor que Abraham (6:13-20a, 7:4-5).
7. El sacerdocio de Jesús es mayor que los de Aarón y Melquisedec (6:20b-7:28).
8. El pacto de Jesús es mayor que el pacto de Moisés (8:1-13).
9. Jesús mora en un tabernáculo celestial mayor (9:1-11).
10. Jesús ofrece un mayor sacrificio (9:12-10:18).

En realidad, hagamos más que recordar la lista de formas en las que el sacerdocio de Jesús es superior. Tomemos un tiempo ahora mismo para dejar de leer. Hagamos una pausa y dediquemos un tiempo a meditar sobre lo increíblemente asombroso que es que en Cristo tengamos un sumo sacerdote que quita nuestra culpa y nos abre el camino, dándonos pleno acceso al santuario de Dios.

Estamos a punto de considerar una lista de exhortaciones que, si las aceptamos, asegurarán nuestra salvación hasta la venida de Cristo. Si alguna vez hubo un conjunto de exhortaciones que haríamos bien en escuchar, son las de Hebreos 10-12. Pero debemos recordar que la clave para poner en práctica estas exhortaciones y completar nuestro camino cristiano es considerar a Jesús, el iniciador y perfeccionador de nuestra fe.

La palabra "exhortación" (griego: *paraklesis*) puede tener una connotación de fuerte advertencia: si no estás haciendo esto, ¡más vale que empieces ahora! También puede tener una connotación de puro aliento y consuelo. Tal es el caso de la primera de nuestra serie de exhortaciones, en Hebreos 10:19-22.

> *Así que, hermanos, mediante la sangre de Jesús, tenemos plena libertad para entrar en el Lugar Santísimo, por el camino nuevo y vivo que él nos ha abierto a través de la cortina, es decir, a través de su cuerpo; y tenemos además un gran sacerdote al frente de la familia de Dios. Acerquémonos, pues, a Dios con corazón sincero y con la plena seguridad que da la fe, interiormente purificados de una conciencia culpable y exteriormente lavados con agua pura.*

Sería difícil pensar en algún pasaje de toda las Escrituras más animante que esta maravillosa exhortación. Comienza con "Así que". Cada vez que vemos un "Así que" en la Biblia, debemos preguntarnos a qué se refiere. Generalmente se refiere a lo que se acaba de decir. Aquí se nos dice que, en vista de lo que se acaba de decir, debemos hacer algo. Lo que se acaba de decir es que tenemos un sacrificio en Cristo que es de una vez por todas y que nos abre el camino para tener libre acceso al perfecto santuario celestial.

En vista de este hecho asombroso, ¿qué debemos hacer? Debemos aprovechar al máximo la oportunidad que nos brinda la sangre de Cristo. Debemos aprovechar cada oportunidad para caminar confiadamente hacia la presencia del Dios que creó todo el universo y nos dio la vida. Debemos presentar nuestras peticiones ante Dios con audacia y con plena confianza de que se inclinará hacia nosotros para escuchar atentamente lo que tenemos que decir. No solo eso, sino que debido a que tenemos el Espíritu Santo en nosotros, él incluso escuchará lo que está en nuestras mentes y corazones que nuestras meras palabras nunca podrán expresar (Romanos 8:26-27). Él nos escuchará con una intimidad más allá de la que pueda tener cualquier ser humano, ya que conoce nuestros pensamientos y sentimientos más profundos.

Para hacer esto aún más maravilloso, nuestro Padre no nos juzgará por los pensamientos feos que todavía están enterrados allí. ¡Podemos tener plena seguridad de esto! Por fe entendemos que nuestros corazones han sido rociados con el poder limpiador de la sangre de Jesús y nuestras conciencias han sido refregadas perfectamente, quitando toda culpa en las aguas puras del bautismo. Si no hay bautismo, no hay lavado (Hechos 22:16) y, por lo tanto, no hay acceso. Pero hemos sido lavados, entonces tenemos acceso. No necesitamos esconder nuestros secretos más profundos y oscuros en la presencia de Dios mientras oramos, porque él ya nos ha declarado no culpables. Incluso nuestros amigos y familiares más cercanos posiblemente nos juzguen, pero el Padre no lo hará. Se nos ha concedido inmunidad total. En la presencia de Dios, el amor perfecto echa fuera el temor (1 Juan 4:18).

¿Cuánto pagarías por tal acceso? Bueno, adivina qué, ¡el precio ya está pagado! Nuestro sumo sacerdote Jesús ha abierto el camino hacia el verdadero Lugar Santísimo. Él ya está allí hablando por nosotros. "Esta es mi hermana. Puedo responder por ella. Ella es perfecta y sin pecado. Padre, escúchala, muéstrale compasión y responde a sus oraciones si ellas están de acuerdo con tu voluntad". Qué gran abogado tenemos; un abogado defensor que nunca pierde un caso.

¿Así que, qué es lo que te detiene? ¿Hay acaso alguna pequeña parte de ti que simplemente no cree que no tengas culpa ante la presencia de Dios? Entonces debes leer y estudiar el capítulo 11 de Hebreos. Incluso si tu fe aún no te ha provisto el sentido de la "plena libertad" mencionada anteriormente, camina de todas maneras hacia la presencia de Dios. Tal vez tu nivel de audacia en la presencia de Dios aún no esté en el punto requerido. Entonces, entra con toda la confianza que puedas reunir y deja que Jesús te ministre. Necesitamos orar, y en la oración, debemos captar cuán maravilloso es que tengamos acceso a la presencia de nuestro Padre en el cielo. Piénsalo. Tómate un tiempo para contemplar este hecho asombroso. Tenemos:

1. **Confianza**
2. **Garantía total**
3. **Conciencias limpias de toda culpa**

¿Cómo obtuvimos este acceso? A través de "el camino nuevo y vivo que él nos ha abierto a través de la cortina, es decir, a través de su cuerpo". Hay dos posibles interpretaciones de esta declaración sobre nuestros medios de acceso al Lugar Santísimo:

1. El cuerpo de Jesús es el medio por el cual podemos atravesar la cortina y acceder al verdadero santuario interior.

2. Accedemos al verdadero santuario interior a través de su cuerpo, que es, en sentido figurado, la cortina que impedía nuestro pleno acceso al Padre bajo el primer pacto.

Si la primera declaración es correcta, entonces lo que Dios quiere decir aquí es que el cuerpo de Jesús, o más precisamente su ofrenda voluntaria de su cuerpo como sacrificio, nos ha dado los medios para acceder plenamente al trono de Dios. Este es el significado más obvio del texto. Incluso si no es la intención del escritor de Hebreos, ¡todavía es cierto!

La segunda interpretación es la menos obvia, pero es la preferida por la mayoría de los estudiosos. Si observas la puntuación en la mayoría de las traducciones, puedes ver que esto es lo que los traductores pretenden: "a través de la cortina [coma] es decir [coma] a través de su cuerpo". En otras palabras, mientras Jesús todavía estaba en su cuerpo físico aquí en la tierra, el camino al acceso total y sin restricciones al santuario interior en el cielo aún no estaba abierto. Fue cuando entregó su cuerpo en la cruz que se abrió el camino. En ese sentido, su cuerpo, el cual todavía ocupaba en ese momento, era la cortina. Era lo que nos separaba de Dios. Su muerte física, como el velo, se interpuso entre Jesús y su relación plenamente realizada con Dios en su santuario celestial.

A pesar de la opinión de los eruditos, preferimos la primera interpretación, pero, en cualquier caso, el resultado es el mismo: tenemos acceso y podemos entrar confiados en la presencia de Dios. Centrémonos en esto.

Nuestro autor nos dice que este medio de acceso es "nuevo y vivo" (v. 20). Es nuevo en dos sentidos: en que fue otorgado recientemente y en que es un tipo de acceso totalmente nuevo. Este medio de admisión al trono de Dios tenía solo unos treinta años cuando se escribió Hebreos, y nunca se había visto nada parecido. Es un camino vivo, un medio permanente y vivificante de acceso a Dios.

Nuestro autor usa el verbo imperativo "acerquémonos" como su manera de expresar la exhortación. Él tiene más de este tipo de admonición para nosotros:

> *Mantengamos firme la esperanza que profesamos, porque fiel es el que hizo la promesa. Preocupémonos los unos por los otros, a fin de estimularnos al amor y a las buenas obras. No dejemos de congregarnos, como acostumbran hacerlo algunos, sino animémonos unos a otros, y con mayor razón ahora que vemos que aquel día se acerca. (Hebreos 10:23-25)*

Nuestra principal motivación para aferrarnos de manera firme y decidida a la esperanza que profesamos vendrá de mirar a Cristo. Nuestra esperanza es el ancla detrás del velo: Jesucristo. Esta es la esperanza que nos mantendrá en el rumbo. Nos impedirá desviarnos del camino angosto que conduce a la vida. No podemos permitir que Satanás nos robe esa esperanza.

Sin embargo, nuestro predicador es un pastor muy consciente de que a veces necesitamos el aliento de una fuente de motivación más visible. Nos necesitamos unos a otros para llegar al cielo. El cristianismo se vive en una comunidad local de creyentes, en sumisión a líderes piadosos (Hebreos 13:17). El cristianismo solitario es una contradicción. Todos los miembros de la iglesia, al ser miembros de una familia, tienen privilegios y responsabilidades que se derivan de ser parte de ella. Debemos cuidar a nuestros hermanos y hermanas: tenemos la responsabilidad de estimularnos unos a otros, pasar el rato unos con otros y animarnos unos a otros. Hay cinco exhortaciones del tipo "hagámoslo" en esta sección. Estas exhortaciones son para ejercitar la fe, la esperanza y el amor.

- **Fe: Acerquémonos con plena seguridad** (v. 22).
- **Esperanza: Mantengamos firme la esperanza que profesamos** (v. 23).
- **Amor: Preocupémonos los unos por los otros; estimulémonos unos a otros** (v. 24).
- **Reunámonos: No dejemos de congregarnos** (v. 25).
- **Animémonos unos a otros** (v. 25).

¿A quién has "estimulado" hacia el amor y las buenas obras esta semana? Este estímulo puede implicar una confrontación amorosa: "El hierro se afila con el hierro, y el hombre en el trato con el hombre" (Proverbios 27:17). Si todos vamos a llegar al cielo, tendremos que decir la verdad con amor los unos a los otros (Efesios 4:15). Decir la verdad, con frecuencia, no será agradable, pero el amor requiere que lo hagamos. El perseverar con fortaleza en nuestra relación con Dios depende de que otros nos digan verdades duras cuando es necesario. De igual manera, la salvación final de nuestros amigos cristianos puede depender de que los estimulemos a practicar su fe.

Tenemos la esperanza de que rara vez o nunca faltarás a las reuniones de tu iglesia local. Si lo haces habitualmente, está robando la esperanza y la seguridad tanto de ti mismo como de tus hermanos. A veces (esperemos que sea rara vez) parte del cristianismo se trata simplemente de asistir. Cuando faltas a las reuniones familiares, ello puede afectar negativamente el nivel de ánimo y fe de los miembros de tu familia. Si nos acostumbramos a faltar a las reuniones de la iglesia de Dios, podemos terminar en un estado en el cual Hebreos 10:26-31 se aplicaría a nosotros. Aceptemos humildemente esta advertencia y pongámosla en práctica. ¡No faltes a las reuniones de tu iglesia!

Confiamos en que haremos mucho más que simplemente hacer acto de presencia. Jesús dijo que "hay más dicha en dar que en recibir" (Hechos 20:35). No debemos ir a la iglesia prioritariamente con la idea de satisfacer nuestras propias necesidades, sino para alentar la fe de los demás. Si todos los miembros de la familia hacen su parte animando, ¿adivina qué?, tú también te animarás mucho. William Barclay dijo: "Nadie conseguirá salvarse si solo está pendiente de salvarse; pero muchos se han salvado preocupándose tanto por los demás que se olvidaron de sí mismos".[11] Hablar de un cristianismo egoísta es toda una contradicción de términos.

Habiéndonos dado algunas advertencias muy prácticas para amarnos unos a otros y, por lo tanto, ayudarnos unos a otros a continuar en nuestra fe, Dios nos dirige a la advertencia más firme que haya en Hebreos. Leamos esta sección por segunda vez:

> *Si después de recibir el conocimiento de la verdad pecamos obstinadamente, ya no hay sacrificio por los pecados. Solo queda una terrible expectativa de juicio, el fuego ardiente que ha de devorar a los enemigos de Dios. Cualquiera que rechazaba la ley de Moisés moría irremediablemente por el testimonio de dos o tres testigos. ¿Cuánto mayor castigo piensan ustedes que merece el que ha pisoteado al Hijo de Dios, que ha profanado la sangre del pacto por la cual había sido santificado, y que ha insultado al Espíritu de la gracia? Pues conocemos al que dijo: «Mía es la venganza; yo pagaré»; y también: «El Señor juzgará a su pueblo». ¡Terrible cosa es caer en las manos del Dios vivo! (Hebreos 10:26-31)*

Si como cristianos, "descuidamos una salvación tan grande", si no nos esforzamos, si no avanzamos hacia la madurez, si no logramos entrar regularmente con confianza en la presencia de Dios, si no damos ni recibimos correcciones unos de otros, si tenemos el hábito de faltar a las reuniones de la iglesia, y si no ofrecemos ni aceptamos ánimo unos de otros, entonces es muy probable que nos encontremos en un estado de pecado deliberado y continuo. Si esto persiste en el tiempo, entonces estaremos separados del Dios que nos salvó. Esta es realmente una perspectiva aterradora, pero ciertamente puede suceder. Una de las motivaciones para escribir Hebreos fue que esto se estaba convirtiendo en una posibilidad real para los oyentes del libro. El tono general de Hebreos es positivo. El autor está "seguro de que [nos] espera lo mejor" en nuestro caso (Hebreos 6:9), y cree que "no somos de los que se vuelven atrás y acaban por perderse" (Hebreos 10:39). Pero como pastor del pueblo de Dios y centinela de Israel (Ezequiel 3:16-21), es su deber solemne advertirnos sobre el horror de la apostasía de la fe.

Ya analizamos esta sección del sermón cuando discutimos la posibilidad de apartarnos de la fe en el contexto de Hebreos 6:4-8. Sin embargo, aquí se requieren algunos comentarios adicionales a la luz de nuestro estudio de Hebreos 7:1-10:18. Dado el mayor sumo sacerdocio, el mejor pacto, nuestro acceso al verdadero tabernáculo y el sacrificio perfecto que tenemos en Jesús, cuán enorme crimen contra Dios sería si diéramos la espalda a lo que él nos ha dado. El escritor de Hebreos habla con nosotros racionalmente sobre un tema muy emotivo. Lógicamente, si rechazamos un don mayor que el que tenían los judíos bajo el antiguo pacto, entonces las consecuencias negativas de ese rechazo serían mucho mayores que las que experimentó Israel. El resultado natural de rechazar a Cristo, quien está por encima de los demás en la casa de Dios, es mucho peor que rechazar a Moisés, quien simplemente era el mayor de los demás en la casa de Dios. "¿Cuánto mayor castigo piensan ustedes que merece el que ha pisoteado al Hijo de Dios, que ha profanado la sangre del pacto por la cual había sido santificado, y que ha insultado al Espíritu de la gracia?" es una lógica inevitable. Sin embargo, es el impacto emocional del horror del pecado y las terribles consecuencias de la apostasía lo que Dios quiere que guardemos en nuestros corazones y mentes.

El escritor de Hebreos cita Deuteronomio 32:35. Si tratamos como algo no sagrado aquello que nos hizo santos, la sangre de Jesús, y si insultamos al Espíritu Santo, a quien él hizo que viviera en nosotros en tanto Dios mora en su templo, entonces Dios nos advierte solemnemente: "Mía es la venganza; yo pagaré" y "El Señor juzgará a su pueblo". Decidamos ahora mismo que haremos todo lo posible para evitar este terrible destino. Acerquémonos confiados a la presencia de Dios, aferrémonos tenazmente a la esperanza que tenemos, y procuremos con amor que nuestros hermanos y hermanas también lo hagan. Si lo hacemos, entonces no necesitamos vivir con miedo. Si tememos a Dios de una forma apropiada, entonces no necesitamos vivir en un estado de temor perpetuo respecto a él. Es la intención de Dios que vivamos con un sentido de confianza y esperanza.

Habiendo recibido estas advertencias más severas, llegamos a una exhortación más alentadora:

> *Recuerden aquellos días pasados cuando ustedes, después de haber sido iluminados, sostuvieron una dura lucha y soportaron mucho sufrimiento. Unas veces se vieron expuestos públicamente al insulto y a la persecución; otras veces se solidarizaron con los que eran tratados de igual manera. También se compadecieron de los encarcelados y, cuando a ustedes les confiscaron sus bienes, lo aceptaron con alegría, conscientes de que tenían un patrimonio mejor y más permanente.*
>
> *Así que no pierdan la confianza, porque esta será grandemente recompensada. Ustedes necesitan perseverar para que, después de haber cumplido la voluntad de Dios, reciban lo que él ha prometido. Pues dentro de muy poco tiempo,*
>> *«el que ha de venir vendrá, y no tardará.*
>>   *Pero mi justo vivirá por la fe.*
>> *Y, si se vuelve atrás,*
>>   *no será de mi agrado».*
>
> *Pero nosotros no somos de los que se vuelven atrás y acaban por perderse, sino de los que tienen fe y preservan su vida. (Hebreos 10:32-39)*

¿Recuerdas el día en que fuiste bautizado en Cristo? Estabas increíblemente animado por la nueva esperanza que habías encontrado. Por primera vez en tu vida, tenías la posibilidad de vivir libre de culpa. Compartir tu fe con tus amigos era lo más natural del mundo. Los insultos de tus compañeros de trabajo o familiares por tu nueva fe fueron un estímulo para ti de que estabas haciendo lo correcto, no una razón para sentirte derrotado.

Pero con el tiempo, la "realidad" de la vida deterioró tu confianza en Cristo. Las inquietudes y preocupaciones externas de la vida, las cosas visibles, comenzaron a llamar más tu atención que la realidad espiritual menos visible pero más importante de que fuiste perdonado de tu pecado y estabas impactando a otros por la eternidad. Lo que necesitas es un llamado a perseverar. El mundo puede quitarte las cosas físicas, pero no pueden robarte la salvación a menos que tú se lo permitas. Tienes grandes victorias detrás de ti y, si te aferras a tu fe, te esperan victorias aún mayores. Pero incluso si no experimentas mayores victorias, tienes todo lo que es verdaderamente importante. Estás salvado. Has sido declarado no culpable por el único juez que importa. Tienes acceso a través del sumo sacerdote Jesús al santuario interior.

Si necesitas este llamado a perseverar, entonces estás en el mismo barco que los destinatarios de Hebreos. Habían comenzado bien la carrera. Dios estaba muy orgulloso de su servicio a los santos. En su celo por Jesús, habían aceptado la persecución y el sufrimiento en su nombre. Además, ya habían recorrido la mitad de la carrera. Ya estaban calificados para el premio, y todo lo que realmente tenían que hacer era seguir corriendo la carrera. La victoria final estaba casi asegurada. Sin embargo, algunos de ellos estaban en peligro de abandonar la carrera y perder todo por lo que habían vivido. ¿Qué mayor tragedia que esta podría haber?

Estos cristianos habían soportado mucho más de lo que la mayoría de nosotros hemos experimentado en nuestro caminar con Dios. Habían sufrido la confiscación de sus bienes y estaban entusiasmados por el privilegio de recibir tal maltrato por causa de Cristo. ¡Esta no fue una persecución menor! El hecho de que pudieran aceptar ese trato por causa de Cristo como una gran bendición es un supremo llamamiento para todos nosotros. ¿Qué había cambiado para estos creyentes que habían soportado tanto por su Señor? La respuesta es que, con el tiempo, las cosas del mundo los llevó a perder de vista el premio. Volvían su mirada a Egipto y ya no esperaban anhelantes su descanso eterno en la tierra prometida. ¿Por qué habían sido capaces de soportar como discípulos más jóvenes lo que ya no podían aceptar como cristianos de más edad? Porque en épocas anteriores estaban más plenamente conscientes de que ellos mismos "tenían un patrimonio mejor y más permanente".

Algunos de nosotros hemos permitido que el mundo nos golpee espiritualmente. Hemos perdido de vista ese mejor y más duradero patrimonio. Debemos escuchar esta exhortación: "Ustedes necesitan perseverar para que, después de haber cumplido la voluntad de Dios, reciban lo que él ha prometido" (v. 36). ¡Ni se te ocurra tirar la toalla! La línea final de la carrera está a la vista. ¿Puedes verlo? "Pues dentro de muy poco tiempo, 'el que ha de venir vendrá, y no tardará'" (v. 37). ¡Retroceder no es una opción! ¿En qué estás pensando?

Yo (John) describí mi ascenso al Monte Whitney en un capítulo anterior. Nunca olvidaré haber alcanzado el nivel de 4,206.24 m. Estaba completamente exhausto, afectado por el desfase horario, con un fuerte resfriado y apenas podía poner un pie delante del otro. Pero luego llegué a una curva en el camino, y el ascenso final a la cima apareció a la vista. NO HABÍA MANERA de que me diera la vuelta en ese momento. Solo imaginar acercarme tanto y no llegar a la cima era algo que no podía aceptar. Necesitaba perseverar. En poco tiempo lograría mi objetivo. No estaba dispuesto a retroceder. Bueno, adivinen qué, lo logré y estoy muy contento de haber podido fijar mis ojos en la meta, o probablemente habría regresado.

Esta es una muy buena analogía de lo que Dios está tratando de decirnos en Hebreos 10, pero hay dos diferencias. Primero, lo que está en juego en nuestro viaje cristiano es infinitamente mayor que alcanzar la cima de una montaña. Estamos hablando de nuestro destino eterno:

> *Por tanto, no nos desanimamos. [...] Pues los sufrimientos ligeros y efímeros que ahora padecemos producen una gloria eterna que vale muchísimo más que todo sufrimiento. Así que no nos fijamos en lo visible, sino en lo invisible, ya que lo que se ve es pasajero, mientras que lo que no se ve es eterno. (2 Corintios 4:16-17)*

Infinito dividido por cualquier número finito produce el resultado matemático de infinito. No hay otra alternativa posible. Debemos perseverar. Hay demasiado en juego.

Hay una segunda diferencia entre el ejemplo del Monte Whitney y nuestro caminar cristiano. Había algo acerca de ver la cima que me dio una gran motivación para seguir adelante. Nuestro objetivo, el cielo, no es algo que podamos ver con nuestra visión física. Solo a través de los ojos de la fe podemos ver "el premio que Dios ofrece mediante su llamamiento celestial en Cristo Jesús" (Filipenses 3:14). Necesitamos aprender a ver a través de ojos fieles. Y ese es exactamente el llamamiento que se hace en Hebreos 11.

Terminemos nuestro estudio de Hebreos 10 con un gran estímulo de nuestro mayor admirador: Dios. "Pero nosotros no somos de los que se vuelven atrás y acaban por perderse, sino de los que tienen fe y preservan su vida". Soportemos y sigamos en la carrera. Seremos ricamente recompensados cuando lleguemos a la cima.

Notas _____

11. William Barclay, *The Letter to the Hebrews* (la carta a los hebreos) (Filadelfia: Westminster Press, 1976), 121.

Capítulo 15

Exhortación #5: Vive por fe
Hebreos 11:1-40

Hemos llegado al momento clave de nuestro sermón. La presente sección es lo que el escritor tenía en mente desde el principio. Es aquí donde hace el llamamiento central de Hebreos. ¿Cuál es ese único punto que, si lo entendemos, captamos todo el sentido del libro? ¿Cuál es la única advertencia que resume todas las demás y que, si la ponemos en práctica, seguramente nos llevará al premio? Es el llamado a que vivamos por fe. Estamos emocionados, ¿y tú? Empecemos.

> *Ahora bien, la fe es la garantía de lo que se espera, la certeza de lo que no se ve. Gracias a ella fueron aprobados los antiguos.*
> *Por la fe entendemos que el universo fue formado por la palabra de Dios, de modo que lo visible no provino de lo que se ve. (Hebreos 11:1-3)*

¿Qué es la fe? ¿Es creer los hechos de la Biblia? ¿Es la voluntad de obedecer lo que Dios manda? ¿Es confiar plenamente en la providencia de Dios en nuestras vidas? Sí, consiste en todas esas cosas, pero en Hebreos 11 Dios define la fe de la manera que es relevante para su objetivo, el cual es llevarnos a cruzar la meta y así alcanzar nuestro descanso eterno. La fe es aferrarse confiadamente a la esperanza de nuestra salvación, una seguridad permanente de que Dios hará lo que dijo que haría. La fe implica el futuro. También involucra el presente, pero ya sea el presente o el futuro, nuestra fe está en las cosas que no se pueden ver.

Piénsalo. Todo lo que es importante es invisible. Todo lo que es visible o que se puede tocar, saborear u oler es relativamente poco importante. Adelante, haz una lista de las cosas que realmente valoras. Si eres cristiano, entonces probablemente todas o casi todas esas cosas son invisibles. En lo que se refiere a tu corazón, ¿en qué estás poniendo tu fe?

El escritor de Hebreos ilustra la importancia relativa de las cosas invisibles en el versículo 2 al recordarnos que el universo visible fue creado por un Dios invisible. Si lo que es visible fue creado por alguien que es invisible, entonces seguramente lo invisible es mayor en todos los sentidos que lo visible.

Yo (John) soy un apologista cristiano. Esto no quiere decir que ande pidiendo disculpas por ser cristiano. Significa que uno de mis roles es presentar evidencia que fundamente la conclusión de que la Biblia es la palabra inspirada de Dios y que Jesús es el camino a la vida eterna. Algunos dicen que tratar de probar la Biblia es prácticamente una pérdida de tiempo porque la evidencia es algo que podemos ver, pero la fe involucra cosas que no podemos ver. Son las cosas que no podemos ver, las cosas que requieren fe, las que realmente importan. La gente que dice esto tiene razón. Si podemos ver algo, creer en ello no es fe. Sin embargo, su conclusión de que no necesitamos evidencia no es un punto válido. Las personas que dicen esto tienen razón en esta medida: si nuestra "fe" en Dios se basa solo en la evidencia concreta, entonces es verdaderamente una fe superficial y no nos permitirá hacer mucho por Dios. En cambio, las cosas que nos han sido probadas con evidencias deberían hacernos avanzar aún más en áreas que requieren fe. Cuanta más evidencia tengamos, más debemos confiar en Dios en formas respecto de las cuales no tenemos evidencia. Sí debemos vivir por nuestra fe.

La fe requiere que rechacemos nuestros sentidos. Nuestros sentidos nos dicen una cosa, y la fe nos dice algo muy diferente. Mis sentidos me dicen que me estoy haciendo mayor, mi cuerpo se está deteriorando y todo desde aquí va cuesta abajo. La fe me dice que "Pues los sufrimientos ligeros y efímeros que ahora padecemos producen una gloria eterna que vale muchísimo más que todo sufrimiento" (2 Corintios 4:17). ¿Por qué? Porque "vivimos por fe, no por vista" (2 Corintios 5:7). La Biblia nos dice que Dios tiene el control. Si vemos las noticias, ¿parece que Dios tiene el control? ¡Realmente no! La fe requiere que no dejemos que nuestras mentes sean gobernadas por lo que podemos ver. El mundo va tras cosas que podemos percibir con los sentidos. Nosotros somos diferentes. El mundo piensa que estamos locos, y desde su punto de vista, tienen razón, ya que las cosas que buscamos no son evidentes para ellos.

El éxito es un ejemplo de algo que puedes "ver". En ese sentido, el éxito es el enemigo de la verdadera fe bíblica. ¿Tu sentimiento de confianza en que Dios está contigo y que las cosas están bien con el mundo se basa en si estás teniendo éxito o no? Todos queremos "éxito" en nuestra vida espiritual, ya sea que se trate de ver a otros ganados para Cristo, crecer en nuestro propio caminar espiritual, que nuestros hijos experimenten la realización o incluso que la gente nos respete por nuestros logros. Dios entiende esto, y quiere que tengamos estas cosas. Sin embargo, a veces nos quitará esas cosas por un tiempo porque "Dios lo hace para nuestro bien" (Hebreos 12:10). ¿Será que tu "fe" depende de un éxito visible? Si eso es así, pues tu confianza la estás colocando en algo visible y si, por cualquier razón, Dios te permite pasar por un período prolongado sin logros externos, te espera una gran caída.

"Gracias a ella fueron aprobados los antiguos". ¿Cuál es el punto que se está entregando aquí? Vemos que se repite muchas veces a lo largo de este capítulo que estos héroes de la fe creían en cosas que no veían, aunque tenían mucho menos que nosotros en qué fundamentar esa fe. Ninguno de ellos tenía el Nuevo Testamento. Tenían grandes promesas de Dios, pero nosotros tenemos las promesas cumplidas en Jesucristo. Para ellos el Mesías era una idea vaga. Algunos de ellos tenían la sombra a su disposición, pero nosotros tenemos la realidad en nuestras manos. Seguramente, entonces, podemos caminar por la fe en Dios. Pedro recordó a sus lectores que debido a que él y los otros apóstoles vieron el ministerio de Jesús de primera mano: "Esto ha venido a confirmarnos la palabra de los profetas" (2 Pedro 1:19).

¿Qué tienen en común todos estos hombres y mujeres de fe del Antiguo Testamento? Miraron las cosas que el mundo tenía para ofrecer, las cosas que se pueden ver, y las consideraron sin valor en comparación con tener una relación con Dios. En cambio, decidieron confiar plenamente en un Dios invisible para cuidar de ellos. Se convirtieron en extraños en este mundo, pero se convirtieron en ciudadanos de honor en el reino de Dios. ¿Estás dispuesto a vivir este tipo de vida?

Esta es la actitud que tomó Pablo. Según los estándares religiosos de su época, era una superestrella religiosa e iba rumbo a tener una gran carrera como fariseo.

> *Yo mismo tengo motivos para tal confianza. Si cualquier otro cree tener motivos para confiar en esfuerzos humanos, yo más: circuncidado al octavo día, del pueblo de Israel, de la tribu de Benjamín, hebreo de pura cepa; en cuanto a la interpretación de la ley, fariseo; en cuanto al celo, perseguidor de la iglesia; en cuanto a la justicia que la ley exige, intachable. (Filipenses 3:4-6)*

Pablo tenía un buen pedigrí. Pero vio estos logros externos como parte de la carne, aunque eran cosas religiosas. Esto es lo que dijo con respecto a los logros religiosos externos y visibles: "Es más, todo lo considero pérdida por razón del incomparable valor de conocer a Cristo Jesús. Por él lo he perdido todo, y lo tengo por estiércol" (Filipenses 3:8). Consideró que sus logros externos no tenían valor, diciendo que consideraba estas cosas estiércol, para poder estar en Cristo. Para él valían menos que cero. En el balance cósmico sumaban un número negativo. Fueron una pérdida en comparación con la relación invisible que tenemos con Dios a través de nuestro sumo sacerdote Jesús.

Pablo y Salomón son lados opuestos de la misma moneda. Ambos lo tenían todo. Salomón tenía todo lo que el mundo tiene para ofrecer. Pablo tenía todo lo que la religión tiene para ofrecer. Si la realización pudiera lograrse mediante la obtención de las "cosas" del mundo, entonces Salomón lo sabría, porque lo tenía todo. Su opinión al respecto: "Lo más absurdo de lo absurdo". Si nuestras necesidades internas pudieran ser satisfechas a través de logros religiosos, entonces Pablo lo sabría. Su opinión al respecto: todo lo consideró una pérdida. ¿Y en tu caso, qué cosas captan tu atención? ¿En qué estás poniendo tu esperanza?

Permíteme compartir una historia de un buen amigo que eligió no mirar las cosas visibles de este mundo. Es de mi amigo Quoc Hung. Él y su esposa dirigían una iglesia en Ciudad Ho Chi Minh (antes Saigón) y planeaban plantar una iglesia en Hanoi, Vietnam. Estaban acostumbrados a recibir mucha persecución. Tres veces habían sido expulsados de su lugar de reunión y de su hogar. No podían recibir visitas en sus reuniones por temor a que la iglesia quedara expuesta. El día que enviaron al equipo misionero a Hanoi, el padre de un joven cristiano irrumpió en su apartamento y golpeó a Quoc Hung con un palo de escoba justo en frente de su esposa, sus hijos y su madre. El hombre estaba enojado por la conversión de su hijo. De acuerdo con las muestras visibles, fue una mala idea ir y plantar esa iglesia en Hanoi. Todas las cosas que se podían ver expresaban: "¡No!". Sin embargo, solo unos días después, Quoc Hung, aun con moretones visibles producto de la golpiza, fue a plantar la iglesia. El mismo día de su llegada a Hanoi, un policía llamó a su puerta. "¿Viniste aquí para plantar una iglesia?". ¿Qué hubieras contestado tú? "¿Eres del grupo que enseña que debes estar totalmente comprometido para ser un verdadero cristiano?". A ambas preguntas, Quoc Hung, a pesar de todas las apariencias externas que le decían que era una mala idea contestar, dijo "Sí". El oficial de policía dijo entonces: "Te he estado esperando durante tanto tiempo y ahora estás aquí. Por favor, enséñame la Biblia". Fue el primer bautismo en la iglesia de Hanoi. La fe es creer en cosas que no se ven. Quoc Hung y su esposa creen en esta verdad básica del cristianismo y la ponen en práctica.

En la historia que leemos en Daniel capítulo 3, ¿qué vieron Sadrac, Mesac y Abednego? Vieron al hombre más poderoso del mundo en el escenario, un horno de fuego y decenas de miles de personas inclinándose ante una estatua pagana. Basados en cosas visibles, no parecía una buena idea defender a Dios, pero estos adolescentes hicieron exactamente eso. Furioso de la ira, Nabucodonosor hizo que los arrastraran ante él. Señaló lo obvio, basado en la apariencia exterior, que es que su dios Bel era más poderoso que Yahvé. ¿Cómo podía estar tan seguro? Los artículos del templo judío estaban en su tesorería. Les dio a estos intrépidos adolescentes una oportunidad más para cambiar de opinión. Pero ellos le dieron en respuesta, al hombre más poderoso de la tierra en ese momento, quien tenía el poder de la vida o la muerte instantánea, lo siguiente:

> *«¡No hace falta que nos defendamos ante Su Majestad! Si se nos arroja al horno en llamas, el Dios al que servimos puede librarnos del horno y de las manos de Su Majestad. Pero, aun si nuestro Dios no lo hace así, sepa usted que no honraremos a sus dioses ni adoraremos a su estatua».* (Daniel 3:16-18)

¿De dónde procedía ese coraje sobrenatural? Vino de la fe en lo invisible. ¿Tenían algún tipo de seguridad de que sobrevivirían a las llamas? Probablemente no. La liberación de la que estaban tan seguros no era visible para ellos. Estaban, más bien, seguros de aquella liberación por la cual los fieles estarán con Dios por la eternidad. Una cosa que podemos decir con certeza es que aquellos de nosotros que tenemos el Nuevo Testamento tenemos muchas más razones para estar seguros de lo que lo estaban estos tres jóvenes. Eligieron ignorar lo que se ve, y Dios los convirtió en un ejemplo para nosotros de lo que significa caminar por fe. Por fe, caminaron hasta ese horno de fuego, y Dios efectivamente los libró. Pero incluso si no los hubiera rescatado físicamente, el mensaje de la historia sería el mismo, ¿no es así?

A partir del versículo 4 nuestro escritor procede a presentarnos el salón de la fama de los fieles. En todos los casos, estos hombres y mujeres creyeron, no por lo que podían ver, sino a pesar de lo que se veía.

> *Por la fe Abel ofreció a Dios un sacrificio más aceptable que el de Caín, por lo cual recibió testimonio de ser justo, pues Dios aceptó su ofrenda. Y por la fe Abel, a pesar de estar muerto, habla todavía.* (Hebreos 11:4)

No sabemos mucho sobre Abel. Ni siquiera estamos seguros de por qué su ofrenda fue mucho más fiel que la de Caín. Pero una cosa sí sabemos acerca de él: por su fiel obediencia, es elogiado como justo. Y todavía estamos hablando de él hoy. ¿Qué quieres que la gente diga de ti después de que mueras? ¿No sería genial si dijeran de ti: "Ella fue una de las mujeres más fieles que he conocido"? ¿Por qué cosa mejor podríamos ser elogiados? Debido a la fe de Abel, "a pesar de estar muerto, habla todavía". Ese podrías ser tú.

Luego, por supuesto, está Enoc. Nuevamente, no sabemos mucho sobre él, pero una cosa que sabemos con certeza es que caminó por fe.

Por la fe Enoc fue sacado de este mundo sin experimentar la muerte; no fue hallado porque Dios se lo llevó, pero antes de ser llevado recibió testimonio de haber agradado a Dios. En realidad, sin fe es imposible agradar a Dios, ya que cualquiera que se acerca a Dios tiene que creer que él existe y que recompensa a quienes lo buscan. (Hebreos 11:5-6)

El caminar de Enoc fue tan fiel que Dios decidió abrirle una escalera directamente al cielo. Se saltó por completo el proceso normal de morir. ¿Qué quiere Dios de ti y de mí? ¿Qué nos ayudará a asegurarnos de nuestra salvación? Necesitamos creer que Dios existe, aunque no podamos verlo. Este tipo de fe es relativamente fácil de alcanzar. Si miramos el mundo físico, por no hablar del mundo espiritual invisible, "las cualidades invisibles de Dios, es decir, su eterno poder y su naturaleza divina, se perciben claramente a través de lo que él creó, de modo que nadie tiene excusa" (Romanos 1:20). Nota la mención que hace Pablo de las cualidades "invisibles" de Dios.

No es difícil creer que Dios existe, pero el segundo requisito es mucho más desafiante. ¿Crees verdaderamente, en lo más profundo de tu ser, que Dios te recompensará si lo buscas con fervor y confías únicamente en él? ¿Crees que, si apartas la mirada de tus propios logros y dones, no pones confianza en tus propios logros educativos y dejas de lado tus propios planes, confiando total y completamente en Dios para la dirección de tu vida, él te cuidará? ¿Crees que sus planes para ti son mejores que los tuyos? ¿Puedes soltar las cosas del mundo por completo? ¿Puedes poner todo tu peso de fe en el reino invisible de Dios? Si es así, entonces eres como Enoc, y también serás bienvenido al reino eterno como un héroe de la fe.

Sabes que nuestro narrador ha estado esperando ansiosamente para compartir el relato de la fe de Noé. Aquí tenemos verdaderamente a un hombre que creía en las cosas que no se ven.

> *Por la fe Noé, advertido sobre cosas que aún no se veían, con temor reverente construyó un arca para salvar a su familia. Por esa fe condenó al mundo y llegó a ser heredero de la justicia que viene por la fe. (Hebreos 11:7)*

Considera la fe de Noé: ¡decir que Dios le advirtió acerca de cosas que aún no se veían es hacer una afirmación incompleta! Imagina que estábamos allí, escuchando la conversación:

"¡Noé!".

"Sí, Señor".

"Quiero que construyas un arca".

"¿Qué es un arca? Nunca he visto una de esas".

"Es un bote grande, uno que te salvará del agua que se avecina".

"¿Qué agua?".

"Estoy por enviar un diluvio".

"¿Qué es un diluvio? Nunca he visto un diluvio".

"Va a llover y llover y llover hasta que la tierra se cubra de agua hasta donde alcanza la vista".

"Está bien, ¿qué tan grande es el arca que necesito construir?"

"Trescientos codos por cincuenta codos por treinta codos" (alrededor de 130 x 25 x 14 metros).

"¿Por qué un barco tan grande?".

"Por los animales".

"¿Qué animales?".

"Los que voy a enviar".

"¿Cuándo vienen?".

"En cien años".

Ninguna de estas cosas se había visto nunca. Sin embargo, por fe Noé construyó esa arca, y por fe salvó a su familia de la muerte. ¡Imagina la conversación con su esposa! "¡Esposa, adivina qué!" (Nosotros la conocemos simplemente como la esposa de Noé). "Vamos a construir un arca". "¿Qué es un arca?". "Es un barco realmente grande". Puedes imaginar la conversación a partir de ahí. Podemos verla preguntando: "Ahora, ¿de qué Dios me hablas que te dijo que hagas eso?". La respuesta de Noé: "El Dios que no puedes ver". Y podemos imaginar una conversación similar con los vecinos. "Noé, ¿qué estás haciendo?". "Estoy construyendo un arca". "¿Qué es un arca?". Deben haber pensado que estaba loco, y según los estándares del mundo tenían razón. Deben haberse reído de él y hablado todo el tiempo a sus espaldas. Sin embargo, por la fe, Noé construyó el arca. Cuando la puerta del arca se cerró y la lluvia cayó a cántaros, nadie se reía de Noé, pero para ellos ya era demasiado tarde. Considera esto: si confiamos en Dios a pesar de lo que se ve, podemos ser un Noé para quienes son parte de nuestras vidas.

Noé creyó a pesar de lo que vio. En cuanto al "éxito" visible, predicó durante cien años,[12] pero no logró que ni una sola persona se convirtiera. Somos tentados a desanimarnos cuando nuestra declaración fiel del evangelio no produce resultados inmediatos. Es posible que Noé no haya visto un gran "éxito" en su vida, pero considera cuántos han ido a Dios desde su muerte. Su fe ha llevado a la salvación de muchos, aunque nunca vio su fruto.

Nuestro mayor ejemplo de alguien que caminó por fe es Abraham, "quien es el padre que tenemos en común" (Romanos 4:16) por su caminar fiel.

> *Por la fe Abraham, cuando fue llamado para ir a un lugar que más tarde recibiría como herencia, obedeció y salió sin saber a dónde iba. Por la fe se radicó como extranjero en la tierra prometida, y habitó en tiendas de campaña con Isaac y Jacob, herederos también de la misma promesa, porque esperaba la ciudad de cimientos sólidos, de la cual Dios es arquitecto y constructor.*
>
> *Por la fe Abraham, a pesar de su avanzada edad y de que Sara misma era estéril, recibió fuerza para tener hijos, porque consideró fiel al que le había hecho la promesa. Así que de este solo hombre, ya en decadencia, nacieron descendientes numerosos como las estrellas del cielo e incontables como la arena a la orilla del mar. (Hebreos 11:8-12)*

"Abram creyó al Señor, y el Señor se lo reconoció como justicia" (Génesis 15:6; Romanos 4:3). ¿Qué creía Abraham? Creía que cuando Dios hace una promesa la cumple; y estaba dispuesto a actuar basado en esa fe. Él creía esto, no por lo que se ve, sino a pesar de la evidencia visible de lo contrario. Si creemos en las cosas invisibles de Dios, también ello nos será reconocido como justicia. Pero esto no es algo fácil de hacer.

Podemos imaginar una conversación algo similar a la que tuvo Noé:

"¡Abraham!".

"Sí, Señor".

"Quiero que dejes todo atrás y te vayas".

"Genial, ¿a dónde voy?".

"No voy a decirte. Solo comienza tu viaje, luego te diré a dónde vas".

"¿Podrías darme una pista? ¿Debo empezar por el sur, el norte, el este o el oeste?".

"Solo irás".

"¿Cuándo volveremos?".

"Nunca".

Imagina el diálogo cuando llegó a casa. "Sara, haz las maletas. Nos vamos de viaje". "Está bien, genial. ¿A dónde vamos y cuándo volvemos?". "No tengo la menor idea de a dónde vamos, además nunca regresaremos". Esto probablemente no fue algo fácil de aceptar. Pero por la fe, Abram dejó Ur, aunque no sabía hacia dónde iba. Y para ser justos, Sara también merece mucho crédito por su fe. Tenemos que seguir los pasos fieles de Abraham y Sara fuera de Ur nosotros mismos. En realidad, si eres discípulo de Jesús, ya lo has hecho, ya has dejado todo lo que tienes para seguirlo (Lucas 14:33).

Abram tenía una situación de vida cómoda: riqueza, una familia amorosa, una sólida reputación y todas las perspectivas de una vida feliz y normal en Ur. Sin embargo, por la fe comenzó su aventura cristiana, pasó el resto de su vida viviendo en tiendas de campaña y viajando de un lugar a otro. Vivió en Canaán, que era una mera imagen o prefigura de la verdadera tierra prometida que Dios nos ofrece. La única parte de la promesa que en realidad recibió durante su vida fue un terreno del tamaño de una estampilla postal en Canaán (Génesis 23:3-20). ¿Estás listo para tu propia aventura cristiana? Somos tentados a preguntarle a Dios por adelantado hacia dónde nos dirigimos. Pero si podemos ver el lugar al que vamos, se requiere poca o ninguna fe para ese viaje. ¿Estás preparado para emprender un viaje fiel y dejar que Dios determine el camino? "¿Dios me dará una esposa?". No sabemos. "¿Lograré desarrollarme en esta profesión y establecerme en esta ciudad?". Si supiéramos la respuesta, entonces eso no requeriría fe.

Abram creyó en las promesas de Dios, incluso cuando parecían desafiar la razón. Debido a su fe, recibió el nombre de Abraham y su esposa se convirtió en Sara. Podría decirse que los tres más fieles de toda la Escritura son Noé, Abraham y María. María es un ejemplo de milagrosa fe a pesar de lo que se ve. El ángel le informó que estaría embarazada, a pesar de que era virgen. Así no es como normalmente se inicia el embarazo. Las apariencias externas dictaban que José la dejaría de lado, se le negaría el matrimonio de por vida, viviría en una pobreza extrema y sería considerada una pecadora y una marginada hasta el día de su muerte. Sin embargo, ella le dijo al ángel: "Aquí tienes a la sierva del Señor. [...] Que él haga conmigo como me has dicho". ¡Eso sí que es fe!

Abraham tenía noventa años y Sara ochenta. Cuando Dios le dijo que tendría un hijo, probablemente sintió que todavía podía, pero cuando miró a Sara, las cosas no se veían tan bien en el departamento de maternidad. No había tenido hijos durante todos sus años fértiles, y la menopausia había ocurrido cuarenta años atrás. Nadie había dado a luz nunca a los ochenta, y mucho menos una mujer estéril. Sin embargo, por la fe tanto Abraham como Sara creyeron, y Abraham llegó a ser padre de muchas naciones. Esta promesa se cumplió literalmente, ya que Abraham se convirtió en el padre de los árabes, los edomitas y los judíos. También se cumplió en sentido figurado, porque Abraham tiene millones de hijos espirituales. Como dijo Pablo en Romanos, él es el padre de todos los que, por la fe, dejan atrás su propia Ur y ponen toda su confianza, no en las cosas del mundo, sino en Dios. Si eres cristiano, entonces eres uno de los hijos de Abraham.

Vamos a saltar Hebreos 11:13-16 temporalmente para que podamos terminar la historia del fiel Abraham.

Por la fe Abraham, que había recibido las promesas, fue puesto a prueba y ofreció a Isaac, su hijo único, a pesar de que Dios le había dicho: «Tu descendencia se establecerá por medio de Isaac». Consideraba Abraham que Dios tiene poder hasta para resucitar a los muertos, y así, en sentido figurado, recobró a Isaac de entre los muertos. (Hebreos 11:17-19)

Este tiene que ser el mayor ejemplo individual de vivir por fe en las Escrituras, a menos que consideremos el viaje fiel de Jesús a la cruz. Imagínate qué tal dilema en el que puso Dios con su mandato a Abraham. La forma en que el líder cristiano primitivo Crisóstomo lo expresó dice: "Las cosas de Dios parecían pelear contra las cosas de Dios, y la fe peleaba con la fe, y el mandamiento peleaba con la promesa".[13] La promesa era que Abraham tendría un hijo y que muchas naciones vendrían de ese hijo. Pero luego Dios le pidió a Abraham que matara a ese mismo hijo. ¿Iba Abraham a obedecer con fe, aunque pareciera anular la promesa? Sorprendentemente,

Abraham partió decididamente hacia Moria al día siguiente (Génesis 22:1-14). Estaba dispuesto a matar a su único hijo y heredero en el Monte Moria.

Esta es la misma montaña sobre la cual está construida Jerusalén (2 Crónicas 3:1). Abraham ofreció voluntariamente al hijo prometido en la misma montaña donde Dios ofreció a su único Hijo. Pablo nos dice en 1 Corintios 15:4 que fue profetizado en el Antiguo Testamento que el Mesías resucitaría al tercer día. La profecía se encuentra aquí mismo en Génesis 22. Desde el momento en que partió hacia Moria, para Abraham, Isaac estaba prácticamente muerto. Como nos dice el escritor de Hebreos, en sentido figurado, Abraham recibió a su hijo de entre los muertos, y eso sucedió al tercer día.

Nota lo que se nos dice aquí: "Consideraba Abraham que Dios tiene poder hasta para resucitar a los muertos". Algunos dicen que la verdadera fe requiere que dejemos de pensar racionalmente y obedezcamos ciegamente. Esto no es lo que hizo Abraham. Tenía la promesa de Dios de que sería el padre de muchas naciones a través de Isaac. Sin embargo, la orden era matar a Isaac, lo que parecía estar en conflicto indiscutible con la promesa. En lo que debe haber sido una larga noche de insomnio, Abraham consideró la promesa y el mandato y llegó a la única conclusión razonable de cómo se podía cumplir la promesa y al mismo tiempo obedecer fielmente el mandato de Dios. Sumó uno y uno y obtuvo dos, pero su conclusión es una a la que ninguno de nosotros habría llegado, a menos que nuestra fe fuera realmente maravillosa. La única forma de superar esta paradoja aparentemente imposible era esta: Abraham se dijo a sí mismo que Dios tenía la intención de resucitar a Isaac de entre los muertos después de que lo matara, ya que esta era la única forma concebible de justificar la promesa y el mandato. Hasta donde sabemos, esto vino de la mente de Abraham, no de una revelación. La fe de Abraham fue asombrosa, pero también razonable. El mundo no lo verá como razonable, pero lo que es razonable para una persona de fe no es lo mismo que para una persona cuya confianza se basa en las cosas visibles de este mundo. Basado en su razonamiento, combinado con su fe, Abraham se fue con Isaac al Monte Moria.

Necesitamos seguir los pasos de fe de Abraham desde Ur, y necesitamos seguir sus pasos hasta Moria. ¿Qué es el Monte Moria, en sentido figurado? Es el lugar donde confiamos en Dios y permitimos que nos quite las bendiciones que nos ha dado. Estas son cosas que hemos recibido, incluso después de haber comenzado nuestro camino de fe. En su providencia y su sabiduría, Dios puede quitarte tu posesión más preciada, tal vez sea tu carrera o tus logros, o tal vez sea tu hijo, tu cónyuge o incluso tu propia vida. ¿Confiarás en él como lo hizo Abraham? "Abram creyó al Señor, y el Señor se lo reconoció como justicia". Fue en respuesta a este enorme acto de fe que Dios le dijo a Abraham:

> *«Como has hecho esto, y no me has negado a tu único hijo, juro por mí mismo [...] que te bendeciré en gran manera, y que multiplicaré tu descendencia como las estrellas del cielo y como la arena del mar. Además, tus descendientes conquistarán las ciudades de sus enemigos». (Génesis 22:16-17)*

Dios tiene una promesa y un juramento similar para nosotros.

El corazón de la mayor exhortación en Hebreos se encuentra en 11:13-17. Es aquí donde el autor nos resume lo que significa vivir y caminar por la fe.

> *Todos ellos vivieron por la fe, y murieron sin haber recibido las cosas prometidas; más bien, las reconocieron a lo lejos, y confesaron que eran extranjeros y peregrinos en la tierra. Al expresarse así, claramente dieron a entender que andaban en busca de una patria. Si hubieran estado pensando en aquella patria de donde habían emigrado, habrían tenido oportunidad de regresar a ella. Antes bien, anhelaban una patria mejor, es decir, la celestial. Por lo tanto, Dios no se avergonzó de ser llamado su Dios, y les preparó una ciudad.*
>
> *Por la fe Abraham, que había recibido las promesas, fue puesto a prueba y ofreció a Isaac, su hijo único. (Hebreos 11:13-17)*

Si estás leyendo este libro, probablemente deseas alcanzar la meta de pasar la eternidad con Dios en su gran y glorioso reino. Se nos presenta aquí la clave para lograr ese objetivo. Solo necesitamos seguir caminando, caminando por fe. Si hasta el día de tu muerte sigues haciendo eso, entonces "caminarás" directamente a esa ciudad que él ha preparado para ti. Jesús dijo: "En el hogar de mi Padre hay muchas viviendas; si no fuera así, ya se lo habría dicho a ustedes. Voy a prepararles un lugar" (Juan 14:2). El viaje en sí no es pan comido, pero el paso final será fácil. Abel, Enoc, Noé, Abraham y los otros héroes de la fe que aún no hemos discutido, todos tienen una cosa en común. En realidad, tienen dos cosas en común. Admitieron que eran extranjeros y forasteros en este mundo, y no recibieron las cosas prometidas, que ahora hemos recibido en el nuevo pacto. Las vieron desde muy lejos, pero nosotros las tenemos justo delante nuestro. Tenemos a Jesús, sus milagros, las profecías cumplidas y los tipos, prefiguras y presagios revelados en la realidad encontrada en Cristo. Puedes hacerlo. Puedes seguir caminando por fe.

Nadie dijo que sería fácil. Si fijas tus ojos en las cosas que no se ven, no serás "normal" en lo que respecta al mundo. Como Abraham, serás extranjero y forastero. La palabra traducida como "extranjeros" es *xenoi*. De ahí viene la palabra española "xenofobia". Significa miedo y odio a los extranjeros, a las personas que son diferentes a nosotros. Si sigues a Jesús por fe, serás diferente. No encajarás. Y afrontémoslo, todos queremos encajar, ser aceptados. Ser diferente y llamar la atención en una multitud es algo incómodo. Afortunadamente, en cuestiones del lenguaje que usamos (principalmente), en la comida que comemos y la ropa que usamos (por lo general), no somos diferentes de quienes nos rodean. Nuestra diferencia está en la forma en que vemos las cosas del mundo. Uno de los primeros padres de la iglesia dijo acerca de los seguidores de Cristo:

> Aunque ellos [los cristianos] habitan en ciudades de griegos y bárbaros según se echa la suerte de cada uno, y siguen las costumbres nativas en el vestido, la comida y otros arreglos de la vida, sin embargo, la constitución de su propia ciudadanía, que establecieron, es maravillosa. y manifiestamente contradice las expectativas. Habitan en sus propios países, pero solo como transeúntes; llevan su parte en todas las cosas como ciudadanos y soportan penalidades como extraños. Todo país extranjero es para ellos una patria y toda patria es extranjera. [...] Su existencia está en la Tierra, pero su ciudadanía está en el cielo.[14]

Lo que el mundo considera importante, a nosotros nos parece absurdo. Nuestra ética se encuentra en el Sermón de la Montaña: Creemos que el camino a la grandeza es a través de la humildad. Creemos que el camino a la verdadera riqueza está en la pobreza. El camino a la felicidad es a través del duelo. ¿Estás preparado para ser diferente del mundo de esta manera? Entonces puedes unirte al club con Moisés, Josué, Noé, Jeremías y Rut.

La palabra traducida aquí como "peregrinos" es *parepidemos*.

Literalmente, significa alguien que "anda en contra de". Se puede traducir como "nómada" o "uno que está de paso". Como cristianos, somos residentes temporales en este mundo. Caminamos por un camino muy diferente. No somos inmigrantes; un inmigrante busca unirse a su nueva cultura. Aquellos que caminan por la fe de Abraham definitivamente no hacen eso: "nosotros somos ciudadanos del cielo" (Filipenses 3:20). Este mundo no es nuestro hogar; estamos de paso. Mi pasaporte puede decir que yo (John) soy ciudadano de los Estados Unidos de América, pero no es cierto, al menos no en mi corazón. La vida de un discípulo es como la vida en un puente. Como se ha dicho: "El mundo es un puente. El sabio pasará sobre él, pero no edificará su casa sobre él". Aquí no echamos raíces profundas. No se planta un árbol en un puente. Como Abraham, hemos dejado nuestro antiguo hogar. Somos simplemente residentes temporales aquí, en camino a nuestro verdadero hogar, pero aún no lo hemos visto. ¿Estás listo para vivir tu vida como un residente temporal? Si es así, entonces estás preparado para caminar por fe.

Hace unos años me invitaron a almorzar con dos mujeres jóvenes en edad universitaria. Supuse que ambas eran cristianas. Mientras hablábamos, mencioné que los discípulos renuncian a todo lo que tienen para seguir a Jesús. Una de los dos estalló en lágrimas incontrolables. Me desconcertó saber qué era lo que había dicho que le había afectado tanto. Me dijo que esa misma semana en su universidad se había comprometido con "el Partido". Se refería al Partido Comunista. Este no fue un compromiso pasajero. Se había comprometido a una lealtad de por vida al ideal comunista. Si se convirtiera en cristiana, tendría que renunciar a su juramento de lealtad. La echarían de la universidad, aquello a lo que había dedicado toda su vida. No solo eso, sino que, con la política de un solo hijo de China, ella era literalmente todo por lo que vivían sus padres. Si se convirtiera en una discípula, no solo perdería todo por lo que había vivido y trabajado, sino que ellos también. No es de extrañar que estuviera sollozando. Entonces ella me miró y dijo: "Lo voy a hacer. Voy a convertirme en una discípula de Jesús". Adivina quién estaba llorando en ese momento. Somos extranjeros y peregrinos en este mundo.

Tal vez has estado pensando en regresar al "país" que dejaste cuando decidiste seguir a Jesús. Aparentemente, algunos de los destinatarios de Hebreos tuvieron ese pensamiento. Ante esto, decidamos decir : "¡Ni pensarlo!". El resto de su vida, Abraham vivió a unas pocas semanas de viaje de su hogar en Mesopotamia. No había nada que impidiera su regreso, excepto su decisión de seguir caminando por fe. Para nosotros, volver al mundo es más fácil que eso. Puedes volver al mundo sin siquiera moverte de tu casa. Pero de nuevo, decidamos decir: "¡Ni pensarlo!". Ni lo pienses, porque Dios tiene una mejor patria, una celestial preparada para ti. Vale la pena. No dejes de caminar por fe. Si te niegas a dar marcha atrás, entonces Dios no se avergonzará de ti. Él está orgulloso de ti y te dará la bienvenida a esa ciudad.

Lo creas o no, estamos solo a la mitad de nuestro relato de los héroes de la fe. Vamos a acelerar un poco el ritmo.

> *Por la fe Isaac bendijo a Jacob y a Esaú, previendo lo que les esperaba en el futuro.*
>
> *Por la fe Jacob, cuando estaba a punto de morir, bendijo a cada uno de los hijos de José, y adoró apoyándose en la punta de su bastón.*
>
> *Por la fe José, al fin de su vida, se refirió a la salida de los israelitas de Egipto y dio instrucciones acerca de sus restos mortales.*
>
> *Por la fe Moisés, recién nacido, fue escondido por sus padres durante tres meses, porque vieron que era un niño precioso, y no tuvieron miedo del edicto del rey.*
>
> *Por la fe Moisés, ya adulto, renunció a ser llamado hijo de la hija del faraón. Prefirió ser maltratado con el pueblo de Dios a disfrutar de los efímeros placeres del pecado. Consideró que el oprobio por causa del Mesías era una mayor riqueza que los tesoros de Egipto, porque tenía la mirada puesta en la recompensa. Por la fe salió de Egipto sin tenerle miedo a la ira del rey, pues se mantuvo firme como si estuviera viendo al Invisible. Por la fe celebró la Pascua y el rociamiento de la sangre, para que el exterminador de los primogénitos no tocara a los de Israel.*
>
> *Por la fe el pueblo cruzó el Mar Rojo como por tierra seca; pero, cuando los egipcios intentaron cruzarlo, se ahogaron.*
>
> *Por la fe cayeron las murallas de Jericó, después de haber marchado el pueblo siete días a su alrededor.*
>
> *Por la fe la prostituta Rajab no murió junto con los desobedientes, pues había recibido en paz a los espías. (Hebreos 11:20-31)*

José vio cosas que son invisibles. Su vida es una imagen de Jesús. Comenzó a la derecha de su padre, pero fue vendido como esclavo en Egipto. Posteriormente fue elevado por Dios a la diestra del rey de Egipto. Y salvó a Israel. Jesús estaba a la diestra del Padre, sin embargo, descendió a la tierra para vivir como un esclavo entre los esclavizados por el pecado, y Dios lo levantó de nuevo a su diestra (Filipenses 2:6-9). Y Jesús salvó al Israel espiritual: la iglesia. Incluso mientras vivía en el palacio del faraón, José sabía que su lugar de descanso final sería en la tierra prometida, por lo que dio instrucciones para que sus huesos fueran llevados a Canaán para ser enterrados con su padre Jacob. Como los demás héroes de la fe, José no recibió las promesas en esta vida, pero anticipó recibirlas junto con nosotros (Hebreos 11:40). Más de cuatrocientos años después, sus huesos fueron llevados por los israelitas y enterrados en Siquem en la tierra prometida, con su padre Israel (Josué 24:32).

Moisés también estaba "viendo al Invisible". Vivía en lujosas condiciones en su condición de hijo adoptivo del faraón. Desde el punto de vista del mundo, tenía la vida resuelta: tenía la mejor comida y ropa, y todas las princesas egipcias querían salir en cita con él. Pero como Jesús, vio a su pueblo en esclavitud en Egipto y, también a semejanza de Jesús, dejó un lugar de comodidad y seguridad para volverse como un esclavo para poder liberar a los esclavos. Esto es lo que hicieron todos los grandes héroes de la fe. Miraron lo que el mundo tiene para ofrecer y lo consideraron una pérdida en comparación con conocer a Dios y ayudar a su pueblo a liberarse de la esclavitud. Moisés vio borrosamente un futuro que nosotros vemos claramente: un tiempo en que se cumpliría lo que Dios dijo: "Levantaré entre sus hermanos un profeta como tú" (Deuteronomio 18:17-18, una referencia a Jesús como el segundo Moisés) que liberará a los cautivos de la esclavitud del pecado. Vio a Jesús de lejos, mientras que nosotros podemos contemplar al único Hijo de Dios. Sin embargo, por fe siguió a Jesús al dejar el palacio, despreciando los efímeros placeres del pecado y considerando como nada la vergüenza por causa de Cristo. ¿Por qué? Porque pudo ver su recompensa. ¿De qué palacio necesitas salir, de qué placer fugaz necesitas alejarte y qué tipo de humillación necesitas abrazar para que puedas, como Moisés, ayudar a poner en práctica el plan de Dios para liberar a tantos de la esclavitud en Egipto como sea posible? ¿Puedes ver a las multitudes ahora mismo cruzando el Mar Rojo mientras Dios te usa para guiarlos a través de las aguas del bautismo? (Hebreos 11:29).

Y considera a Josué. El Señor le dijo: "¡He entregado en tus manos a Jericó, y a su rey con sus guerreros!" (Josué 6:2).

"Genial, Señor, hágase tu voluntad. Entonces, ¿cuál es el plan de batalla?".

"Reúne a la gente y marcha alrededor de la ciudad durante seis días. En el séptimo día, denle siete vueltas".

"Muy divertido, Señor; ahora, ¿cuál es el verdadero plan de batalla?".

"Ese es el plan. Cuando terminen de marchar, toquen las trompetas y el muro de la ciudad se derrumbará".

Nos hubiera gustado estar allí cuando Josué regresó con los israelitas. "Tengo una gran noticia, ¡Dios me dijo que vamos a tomar Jericó!". "Genial, ¿cuál es el plan de batalla?". "Vamos a caminar en fila alrededor de la ciudad siete días seguidos, el último día siete veces, luego soplaremos los *shofarat* (cuernos de carnero) y el muro se derrumbará". "¡Jaja! ¿Cuál es el verdadero plan de batalla?". Deben haberle dado una mirada incrédula. Sin embargo, la gente literalmente anduvo por fe alrededor de esa ciudad. La gente de Jericó debe haber pensado que estaban locos. Seguramente gritaron desde las paredes: "¿Se supone que debemos tener miedo de que vayan caminando por la ciudad?". "¿No se están agotando en este clima de calor abrasador?". "¡Qué montón de tontos!". Se reían del pueblo de Dios porque la gente de Jericó estaba mirando las cosas visibles. Pero cuando sonaron los cuernos y el muro se derrumbó, ya no se reían más del pueblo de Dios. Será lo mismo para nosotros si caminamos por fe alrededor de nuestras ciudades o nuestros barrios.

Había alguien en la ciudad de Jericó que veía con ojos espirituales. Rajab dio la bienvenida a los espías a pesar de que, aparentemente, su causa no tenía esperanza. Dios reconoció su fe y la salvó a ella y a su familia de la destrucción, y para honrar su fe, hizo que se casara con alguien en la línea de descendencia a través de la cual vino el Mesías (Mateo 1:5). Hay muchos más héroes de la fe en la historia del pueblo de Dios. Nuestro predicador desea tener más tiempo para contar sus historias. De algunos no sabemos nada. Todos ellos vivieron por fe y vieron lo invisible. Todos vieron desde lejos lo que podemos ver justo delante de nosotros.

¿Qué más voy a decir? Me faltaría tiempo para hablar de Gedeón, Barac, Sansón, Jefté, David, Samuel y los profetas, los cuales por la fe conquistaron reinos, hicieron justicia y alcanzaron lo prometido; cerraron bocas de leones, apagaron la furia de las llamas y escaparon del filo de la espada; sacaron

fuerzas de flaqueza; se mostraron valientes en la guerra y pusieron en fuga a ejércitos extranjeros. Hubo mujeres que por la resurrección recobraron a sus muertos. Otros, en cambio, fueron muertos a golpes, pues para alcanzar una mejor resurrección no aceptaron que los pusieran en libertad. Otros sufrieron la prueba de burlas y azotes, e incluso de cadenas y cárceles. Fueron apedreados, aserrados por la mitad, asesinados a filo de espada. Anduvieron fugitivos de aquí para allá, cubiertos de pieles de oveja y de cabra, pasando necesidades, afligidos y maltratados. ¡El mundo no merecía gente así! Anduvieron sin rumbo por desiertos y montañas, por cuevas y cavernas.

Aunque todos obtuvieron un testimonio favorable mediante la fe, ninguno de ellos vio el cumplimiento de la promesa. Esto sucedió para que ellos no llegaran a la meta sin nosotros, pues Dios nos había preparado algo mejor. (Hebreos 11:32-40)

Qué impresionante final para este grupo de grandes héroes de la fe. Nuestro narrador llega a las montañas en su dramático recuerdo de las grandes victorias que ha alcanzado el pueblo de Dios, no por lo mucho que tenía, sino a pesar de las debilidades y las adversidades. Seguramente tu corazón está conmovido por aquellos que sacrificaron tanto, pero recibieron tan poco en esta vida. En su visión fiel, algunos lograron grandes victorias, a pesar de las aparentemente imposibles probabilidades::

- Gedeón derrotó a los madianitas y a los otros pueblos "como langostas" con solo trescientos soldados (Jueces 7).
- Barac y Débora derrotaron a Sísara y a los cananeos (Jueces 4-5).
- Sansón, sin ayuda de nadie, destruyó el templo de Dagón y derrotó a los filisteos (Jueces 16:23-31).
- Jefté derrotó a los amonitas (Jueces 11-12).

Los fieles de Dios:

- Conquistaron reinos: David
- Administraron justicia: Samuel
- Cerraron la boca de los leones: Daniel
- Apagaron la furia de las llamas: Sadrac, Mesac y Abednego

- Escaparon al filo de la espada: Elías (1 Reyes 19) y Jeremías (Jeremías 26)

- Las mujeres recibieron de vuelta a sus muertos: Elías (1 Reyes 17:17-24) y Eliseo (2 Reyes 4:8-37)

Pero no todos los fieles experimentarán "éxito" en esta vida. El mundo, en ese momento, creía que algunos del pueblo de Dios descendieron a la derrota. Pero a través de los ojos de la fe vemos que una gloriosa victoria futura les espera a todos. Algunos fueron:

- Muertos por apedreamiento: Zacarías (2 Crónicas 24:20-22)

- Aserrados por la mitad: Isaías (según la tradición judía)

- Torturados, asesinados a espada, burlados, azotados, encadenados, perseguidos y maltratados

Todas estas cosas les sucedieron a los judíos durante el tiempo de la persecución bajo Antíoco Epífanes (167-164 a. C.). Podemos leer acerca de algunas de las terribles torturas en los libros de 1 y 2 Macabeos.[15] La audiencia judía cristiana de Hebreos estaba muy consciente de este tiempo de terrible persecución. Particularmente emotiva es la escena descrita en 2 Macabeos 7:1-41 en la que Antíoco intentó obligar a siete hermanos a comer carne de cerdo. Cuando se negaron, diciendo: "Estamos dispuestos a morir, antes que faltar a las leyes de nuestros antepasados" (2 Macabeos 7:2 DHH), el rey los hizo asar vivos, uno por uno, frente a su madre. Cuando murió el último, Antíoco mató también a la madre.

El mundo en ese momento se rio del pueblo de Dios por aferrarse a la fe en la providencia invisible de Dios, pero nuestro Padre declara: "¡El mundo no merecía gente así!". El mundo no merece nuestro sacrificio por ellos, pero, de nuevo, no merecemos el sacrificio de Jesús por nosotros. A los que caminan por fe, Dios les dice: "¡Tú eres digno!". ¿No anhelas escuchar esas gloriosas palabras de tu Padre en el cielo? "Tú eres digno".

Todos estos hombres y mujeres deben ser elogiados por nosotros por su fe. De hecho, la mejor forma en que podemos alabar su fe es imitándola. Ninguno de ellos recibió lo prometido, al menos no en esta vida. Hermanos y hermanas, todos hemos recibido lo que ellos solo apreciaron de lejos. En su tiempo, experimentarán la salvación junto con nosotros y serán hechos completos (v. 40), pero nosotros tenemos salvación y perfección en esta vida a través de nuestro sumo sacerdote Jesús. Vivimos en un estado de perdón continuo y tenemos el Espíritu Santo como depósito, garantizando nuestra salvación. Vivamos vidas dignas y, como los héroes de antaño, caminemos por fe.

Notas _____

12.   Sabemos por 2 Pedro 2:5 que Noé predicó la justicia, pero la idea de que predicó durante 100 años se encuentra solo en la tradición judía, como en los Oráculos Sibilinos y los escritos de Josefo. Esperemos que el lector nos dé alguna licencia poética sobre esta afirmación.

13.   Traducción nuestra.

14,   De *La Carta de Diogneto*. Esta es una carta de un autor desconocido dirigida al emperador-filósofo Marco Aurelio alrededor del año 150 d. C.

15.   Estos libros están incluidos en los apócrifos del Antiguo Testamento. Se pueden encontrar en la Nueva Biblia de Jerusalén y la Biblia Dios Habla Hoy.

Capítulo 16

Fija tu mirada en Jesús
Hebreos 12:1-17

Ahora tenemos una gran imagen de lo que significa caminar por fe. Si como estos hombres y mujeres, seguimos caminando por la fe hacia la tierra prometida, lo haremos como ciudadanos del reino celestial. Hemos considerado los ejemplos más asombrosos de fe en la historia humana, pero hay una persona de la que aún no hemos hablado en nuestro cuadro de honor de fe. El suyo es el más grande ejemplo de todos. Es hora de volver nuestra mirada al iniciador y perfeccionador de la fe, ¡y ustedes saben quién es! Es un precursor porque ha entrado en el santuario celestial antes que el resto de nosotros. Él irrumpió en el cielo y nos saludará con la mano cuando entremos allí al final de los tiempos. Ha abierto el camino, dejando huellas para que las sigamos.

Pero él ha ido al cielo de una vez por todas. Él no es solo el iniciador, sino también es el perfeccionador, el que completa nuestra fe. Él es el principio, el medio y el fin de nuestra fe, y es nuestra salvación. Jesús es aquel para quien existe el mundo, y es también aquel que existe para el mundo. Es Rey eterno y Sumo Sacerdote. ¡Fijemos nuestros ojos en él!

> *Por tanto, también nosotros, que estamos rodeados de una multitud tan grande de testigos, despojémonos del lastre que nos estorba, en especial del pecado que nos asedia, y corramos con perseverancia la carrera que tenemos por delante. Fijemos la mirada en Jesús, el iniciador y perfeccionador de nuestra fe, quien, por el gozo que le esperaba, soportó la cruz, menospreciando la vergüenza que ella significaba, y ahora está sentado a la derecha del trono de Dios. Así, pues, consideren a aquel que perseveró frente a tanta oposición por parte de los pecadores, para que no se cansen ni pierdan el ánimo. (Hebreos 12:1-3)*

Después de un repaso inspirador de los grandes héroes de la fe en el capítulo 11, se nos recuerda que una gran nube de testigos nos observa y nos alienta en nuestra carrera hacia la meta. Y si ellos pudieron hacerlo, seguro que nosotros también podemos. Se enfrentaron a más dificultades que nosotros y tenían menos recursos que nosotros. Por supuesto, nuestra carrera espiritual no es una carrera de 100 metros; es un maratón. Es un camino, una peregrinación que comienza en el momento en que comenzamos nuestra vida en Cristo. Es el crecimiento y desarrollo de nuestra conciencia y conocimiento de Dios, nuestra creciente comprensión de Jesús y nuestra propia madurez espiritual. Alguien dijo una vez que hay dos grandes días en la vida de una persona, el día en que nace en la tierra y el día en que se da cuenta del propósito de su vida. La vida es un gran viaje de descubrimiento que todo el mundo debe emprender. Y una multitud grande de testigos nos está animando a lo largo del camino.

Existe un debate sobre quién es exactamente esta multitud de testigos. La explicación más probable es que son los héroes mencionados en el capítulo 11. La teoría más extravagante que yo (Roberto) escuché fue que tal vez sean nuestros amigos y familiares en el cielo o incluso nosotros mismos en el cielo mirando hacia atrás en el tiempo a nuestras propias vidas. Eso abre algunas curiosas posibilidades.

A todo el mundo le encanta que le den ánimo. Como padres, conocemos este sentimiento de animar a un ser querido hacia la victoria. Pasé diez años de mi vida asistiendo a los partidos de fútbol de mi hijo todos los sábados. Yo era su mayor fan. Me encantaba verlo crecer en sus habilidades y carácter como atleta. Jugó en los niveles más altos del fútbol de clubes, lo que lo desafió a crecer en resistencia física, mental y emocional. En los primeros días, como una manada de cachorros, él y sus compañeros de equipo seguían el balón por el campo, y todos intentaban patearlo hacia la portería desde cualquier lugar en que estuvieran en el campo. Sus errores fueron numerosos, pero a medida que pasaban los años, se volvieron mejores y mejores en ser los atletas que deseaban llegar a ser. A veces era difícil y mi hijo quería dejarlo. A veces simplemente estaba cansado y no quería seguir adelante. Tuvimos muchas conversaciones sobre el carácter y la fortaleza mental. Cuanto más crecía, más dependía su juego de su propio deseo de ser el mejor posible y de su propio temple a nivel mental. En algún momento me di cuenta de que no necesitaba tanto mi consejo. Lo mejor que podía hacer para ayudarlo era animarlo. Mi esposa y yo nos propusimos ser sus mayores admiradores. Juntos, siempre estábamos emocionados de verlo jugar y darle apoyo moral. Esta experiencia nos recuerda a Hebreos 12. ¡Tenemos una gran nube de testigos alentándonos! A medida que vivimos la vida cristiana, a veces necesitamos escuchar las voces de aliento de quienes presencian nuestra carrera y ser animados por ellos.

La palabra "testigos" tiene múltiples significados para el oyente. En un entorno legal, suelen ser aquellos cuyo testimonio confirma la veracidad de algo. Son quienes sirven para probar que la historia de una persona es verdadera o falsa. En la antigüedad, una historia tenía que ser verificada por dos o más testigos para ser aceptada como verdad. Los apóstoles fueron los testigos de los milagros de Jesús y de su resurrección. Los primeros cristianos fueron testigos del ministerio milagroso de Jesús. La palabra "testigos" tiene otra connotación. También son la multitud de espectadores que ven un evento deportivo. La frase "rodeados de" pinta la imagen de un circo romano o un teatro griego donde la multitud rodea a los participantes. Quienes forman parte del público de una ciudad local vienen a ser las "porristas" que inspiran a los atletas a ganar la competencia. Por último, y quizás lo más significativo para la audiencia del libro, la palabra griega usada para "testigo" es μάρτυς, o mártir. Fueron tan numerosos los primeros testigos que perdieron la vida por su fe que el término "testigo" se convirtió en sinónimo de sacrificar la propia vida, o el martirio. Los primeros testigos del cristianismo son los mártires que dieron su vida por su fe, muchos de los cuales murieron en las arenas romanas y en los teatros griegos. Dada la forma en que termina el capítulo 11, con el martirio de tantos héroes en la fe, este es sin duda un tema principal que debemos captar en este primer párrafo del capítulo 12. La idea de ser un mártir por el Señor está en el mismo corazón del libro de Hebreos. ¿Creemos en Jesús lo suficiente como para estar dispuestos a sacrificar nuestras vidas por él?

Para mí (Roberto), que crecí en California, las películas fueron una gran parte de mi cultura. La película *Star Wars* definió a mi generación. Luke Skywalker fue el ejemplo de héroe para mí en muchos niveles. Una y otra vez arriesgó su vida para luchar por lo que creía correcto y salvar a sus seres queridos. Su fe en el "bien" fue inquebrantable contra viento y marea. Cincuenta años después, una nueva historia de Star Wars, *Rogue One,* cuenta una historia similar de una banda de inadaptados dispuestos a morir para vencer al mal. Llevé a todos mis amigos del trabajo y la vimos juntos, alentando a la valiente banda de héroes que creían lo suficiente en algo como para dar la vida por ello. Me pregunto cuántos cristianos hoy en día creen en la causa de Cristo lo suficiente como para hacer lo mismo. Este es el llamado de Hebreos.

Despojémonos del lastre que nos estorba...

Con estas cosas en mente, se nos insta a deshacernos de todo lo que nos estorbe. Esta es la primera parte de una orden que contiene dos elementos. Primero, debemos eliminar cualquier cosa que nos frene en nuestro camino cristiano. Cuando mi hijo practicaba fútbol usaba pesas en los tobillos y un chaleco de pesas. El peso que se le agregaba dificultaba todo aún más. El desafío adicional hizo que sus músculos crecieran y aumentara su nivel de resistencia. En el fútbol como en la vida, gran parte del desafío es la resistencia y ser capaces de dar lo mejor de nosotros hasta el final. Cuando llegó el momento de un juego real, se quitó todos los pesos para que nada lo estorbara. Llevaba ropa de fútbol, ropa extremadamente ligera y flexible hecha para moverse sin obstáculo alguno. A veces, lo que nos estorba no es el pecado, del que hablaremos a continuación, sino cosas que nos quitan el enfoque o nos impiden vivir a la altura del compromiso decidido. Por mucho que queramos, no podemos lograr todo lo que nos gustaría llegar a hacer. La vida hoy en día, con frecuencia, está tan repleta de eventos y cosas por hacer que el tiempo se convierte en un factor importante para decidir lo que haremos o no haremos por Cristo. Las cosas "urgentes" de la vida vienen a gobernar nuestro horario. Es entonces cuando nos convertimos en víctimas de nuestro horario en lugar de amos de él. Debemos estar dispuestos a eliminar de nuestra vida las cosas que obstaculizan nuestro caminar fiel. A veces, el peor enemigo de lo mejor es lo "bueno". Incluso las cosas buenas pueden ser malas si interfieren con nuestra búsqueda de las cosas del reino de Dios. ¿Cuáles son las cosas que debes eliminar de tu vida que obstaculizan tu fe? Por nuestro propio bienestar, se nos exhorta a deshacernos de cualquier cosa que obstaculice nuestro caminar por Dios.

en especial del pecado que nos asedia...

Ahora el autor aborda un tema central: el pecado. Hay muchas razones para ser cristiano. La salvación es la más obvia, pero el camino de Cristo es también el camino hacia un gran matrimonio, una vida familiar sana y buenas amistades. Todas las cosas que realmente importan en la vida se descubren en el camino que Jesús abrió para nosotros. Esto no quiere decir que no haya muchos desafíos a lo largo de la ruta, pero el camino de Jesús nos lleva a través de las dificultades y los obstáculos hacia una vida de calidad. Sin embargo, el camino de Jesús está plagado de muchos obstáculos. Estos obstáculos son pecados. Hay una palabra usada en el texto original, εὐπερίστατος (euperistatos), que es exclusiva de la Biblia. No se encuentra en ningún otro lugar de la literatura griega. Es un compuesto de las palabras "alrededor", "fácilmente" y "permanente". En otras palabras, es algo que está a nuestro alrededor en todo momento y que se enreda fácilmente. Estos pecados son como trampas que un cazador esconde al interior de un camino. Quien está siendo perseguido cae fácilmente en esas trampas, ya que están en todas partes, listas para atrapar la víctima.

El pecado es todo lo que se encuentra fuera de la voluntad de Dios para nuestras vidas. Su voluntad es la de un padre para con sus hijos. Jeremías 29:11 es una escritura que se ve con frecuencia en los hogares cristianos de todo el mundo: "Porque yo sé muy bien los planes que tengo para ustedes, planes de bienestar y no de calamidad, a fin de darles un futuro y una esperanza". Aunque estas pueden ser palabras pronunciadas por un profeta del siglo VII a. C. en Jerusalén, están registradas para que conozcamos el corazón de Dios hacia todos nosotros. Con los cambios culturales que vemos en nuestro mundo posmoderno, la idea misma del pecado se ha vuelto obsoleta. Ya no es políticamente correcto ni culturalmente relevante hablar del pecado. Se considera una antigüedad propia del pasado. Nuestra cultura está bastante engañada en este punto. En realidad, el pecado está detrás del auge del divorcio, el deterioro de la unidad familiar, del aumento de la depresión e incluso del deterioro de la salud. Los efectos de ignorar el problema del pecado son numerosos y devastadores.

Una clásica historia de un predicador habla de un entrenador que entró en el vestuario y reunió a todos los jugadores. Luego vació una bolsa de serpientes de cascabel en medio del grupo. Mientras todos gritaban y saltaban para ponerse a salvo, les dijo que así era como quería que trataran las drogas. Y así es con el pecado. Dios quiere que hagamos todo lo que podamos para mantenernos alejados del pecado, no porque desee controlarnos, sino porque nos ama y sabe que nos estorbará y enredará. El pecado nos impedirá correr la carrera de manera efectiva, e incluso puede impedirnos terminar la carrera por completo.

... y corramos con perseverancia la carrera que tenemos por delante.

La idea de que la vida es una carrera es una metáfora clásica. Hoy en día la gente suele decir: "La vida es un viaje". Esta es la misma idea. Todos tenemos un camino por delante. Unos tenemos un camino más fácil y otros uno más difícil. Algunos de nosotros estamos en un punto más fácil de nuestras vidas en este momento, mientras que otros están en una etapa mucho más difícil. Es por eso que nunca debemos comparar nuestras vidas con las de los demás. En lugar de mirar a alguien más, debemos mirar a Jesús y solo a él. Se nos dice que corramos "con perseverancia". Este es el tipo de mentalidad necesaria para el éxito en la vida cristiana, y es esencial para superar cualquier desafío difícil. Todos nosotros enfrentamos momentos extremadamente difíciles en la vida; debemos entrar en estos tiempos con nuestras mentes ya preparadas para resistir y nunca rendirnos. Como jóvenes cristianos, tomamos la decisión de poner nuestras manos en el arado y nunca mirar hacia atrás. Calculamos el costo y decidimos soportar lo que el mundo nos deparara. No vimos que renunciar fuese una opción. Con el paso del tiempo, ¿alguna vez has considerado tirar la toalla? Probablemente la mayoría de nosotros lo hemos hecho en un momento u otro, a pesar de nuestra fuerte decisión inicial. Estamos a punto de ver la cura para este problema.

Fijemos la mirada en Jesús, el iniciador y perfeccionador de nuestra fe.

Todos tenemos dificultad para perseverar, unos más que otros. La solución que nos proporciona el escritor de Hebreos es fijar nuestra mirada en Jesús. Quizás el mayor secreto para vivir por fe es simplemente estar enfocado en nuestro Señor. Fue en el momento en que Pedro apartó los ojos de Jesús y vio las olas, cuando comenzó a hundirse en el agua en Galilea, pero cuando llamó a Jesús y se volvió a concentrar, nuestro Señor lo sacó del peligro. La experiencia de Pedro es una gran lección para todos nosotros. No se puede exagerar la importancia de permanecer enfocado en Jesús. Mantener nuestro enfoque diariamente en nuestro Salvador nos recuerda continuamente el amor, el poder y la verdad que respalda nuestra fe. La vida de Jesús es inspiradora, su amor es alentador y el poder de su vida indestructible edifica la fe. Él es el *archegon* de nuestra fe, el arquitecto o pionero; el camino que estamos tratando de recorrer, él ya ha recorrido. Todo lo que intentamos hacer —vivir una vida recta, negarnos al pecado, amar a los demás, vencer el egoísmo y el miedo, servir a los demás y caminar con fe— todas esas son cosas que Jesús ya ha hecho. Es el "perfeccionador" de nuestra fe en el sentido de que luchó con muchos desafíos y venció la duda y la tentación. Vivió como el ejemplo perfecto de una vida fiel, incluso frente a la persecución y la oposición. Su fe creció y se desarrolló en todo lo que fue el propósito de Dios. Incluso el sufrimiento que soportó lo ayudó a "perfeccionarse". Él no es un Dios lejano e incapaz de identificarse contigo; es el Dios que vivió y caminó entre nosotros, soportando todo lo que debemos soportar, convirtiéndolo en el perfecto salvador para nosotros. Todos luchamos con la tentación y odiamos sufrir. Jesús nos muestra el camino para mantenernos enfocados sin distraernos ni rendirnos nunca. ¡Fijemos nuestros ojos en él!

Por el gozo que le esperaba, soportó la cruz, menospreciando la vergüenza que ella significaba...

Tener constantemente en mente una meta a largo plazo es fundamental para superar los obstáculos a corto plazo. Es la alegría de cruzar la línea de meta lo que hace que el corredor siga corriendo. Es la visión de la victoria lo que mantiene al luchador peleando. Jesús se aferró a la inspiración de aquello que vendría con posterioridad al dolor de la cruz para seguir caminando hacia el Calvario. La inspiración es increíblemente importante en la vida cristiana, la cual está llena de bendiciones, pero también es una vida llena de desafíos. El cielo es una gran motivación, y Jesús sabía que estaba cerca, a solo unas horas o unos pasos más adelante. La mayoría de nosotros no tenemos idea de cuán lejos está la muerte. Desafortunadamente, en el camino podemos olvidarnos del cielo. Nos aferramos a la inspiración que está más cerca, como un mejor matrimonio, una vida mejor, la liberación respecto del pecado. Estas son buenas motivaciones y nos ayudan a seguir adelante en muchos días difíciles. Sin embargo, también se necesita una visión a largo plazo. A veces, los desafíos son prolongados y lentos de superar. Cualquiera que pierda de vista las bendiciones permanentes de una vida obediente quedará cansado. A lo largo de los años, me ha quedado claro por qué yo (Roberto) estoy aquí. He crecido, no solo en mi comprensión de cuánto me ama Dios, sino también en mi noción de cuán importante es que yo ame a los demás. La batalla espiritual se ha vuelto más clara, y con ella, también mi motivación. ¿Qué es lo que te motiva? Considera el gozo del cielo puesto delante de ti. Jesús lo hizo.

Jesús no solo consideró la meta, sino que también menospreció la vergüenza que el mundo le arrojaba. La palabra griega aquí también se traduce como "despreciar". Jesús no tomó la vergüenza en serio, ya que consideró los corazones de aquellos que lo avergonzaban. Felipe de Neri dijo que debemos "despreciar el mundo, no despreciar a nadie, despreciarse a sí mismo y no hacer caso de verse despreciado". No debemos permitirnos quedar apabullados por el desprecio de quienes se nos oponen, porque el único que importa, Dios, nos está alentando. "El Señor es quien me ayuda; no temeré. ¿Qué me puede hacer un simple mortal?" (Hebreos 13:6).

... y ahora está sentado a la derecha del trono de Dios.

Pararse a la diestra de un rey es un lugar de honor y respeto. Como hemos visto, en el tabernáculo a los sacerdotes se les permitía estar de pie, pero nunca sentarse. Esto se debe a que sentarse en presencia de un rey implica una posición permanente en la sala del trono. Jesús ciertamente se ganó un lugar sentado a la diestra de Dios. Esta frase contrasta con la anterior. Jesús pasa de un lugar de total desprecio en la tierra a uno de inmenso honor en el cielo. Él ejemplifica uno de los grandes principios de la fe: si estás dispuesto a sufrir deshonra y vergüenza para Dios aquí en esta vida, ciertamente él te exaltará a su debido tiempo. Pero esto requiere vivir por fe, ¿no es así? Este concepto nos recuerda una vez más el Salmo 110:1:

> *Así dijo el SEÑOR a mi Señor:*
> *«Siéntate a mi derecha*
> *hasta que ponga a tus enemigos*
> *por estrado de tus pies».*

Dios hará prevalecer la justicia. Al final, él arreglará todo. Él es el Dios de la justicia, y nada escapa a su atención. Ha habido momentos en mi vida (de Roberto) en los que me he preguntado "¿Dónde está Dios? ¿Por qué no ha corregido este mal, no ha lidiado con esta persona malvada o no me ha vengado?". Su tiempo no es el mío, y ciertamente no responde instantáneamente a mis demandas. Sin embargo, con el paso del tiempo he visto que nadie se sale con la suya. Al final, la verdad siempre sale a la luz. La bondad y la rectitud siempre ganan. Al final, la perseverancia, la rectitud y el sufrimiento por causa de hacer el bien siempre serán recompensados.

> *Así, pues, consideren a aquel que perseveró frente a tanta oposición por parte de los pecadores, para que no se cansen ni pierdan el ánimo.*
> *En la lucha que ustedes libran contra el pecado, todavía no han tenido que resistir hasta derramar su sangre. (Hebreos 12:3-4)*

El escritor de Hebreos nos desafía. Primero, debemos considerar a Jesús y todo lo que pasó por nosotros. Su ejemplo es inspirador y puede ayudarnos a no cansarnos ni perder el ánimo. Algunos comentaristas señalan que "que no se cansen ni pierdan el ánimo" es la frase que usaba Aristóteles para describir a los corredores al final de una carrera que colapsan y caen al suelo después de cruzar la línea de meta. Otras traducciones usan las palabras "desmayado" y "agobiado". La idea es que no podemos ceder a nuestra debilidad. Hay muchas oportunidades que se nos presentan para darnos por vencidos y renunciar. Puede ser una poderosa tentación.

Nuestro mundo es sumamente reacio a cualquier forma de sufrimiento. Cuando lo sentimos por primera vez, tomamos una pastilla para que desaparezca. En el mundo de hoy, el sufrimiento se elimina lo más rápido posible. La perseverancia generalmente se desarrolla a través del sufrimiento a largo plazo, pero en nuestro mundo, el sufrimiento se evita como a la peste, por lo que la perseverancia es un rasgo de carácter subdesarrollado. Tirar la toalla es una solución comúnmente aceptada para los obstáculos en nuestras vidas. Por lo tanto, muchas relaciones no sobreviven a las dificultades. Esto condena innumerables matrimonios y familias. Los niños crecen con el modelo de darse por vencidos en casa. ¡Sin embargo, no podemos tirar la toalla respecto a Jesús! No podemos quedar exánimes y entregarnos al abandono. Todavía no hemos terminado la carrera. Para los cristianos judíos, la frase "resistir hasta derramar su sangre" es una rememoración de la época de los Macabeos. Para tener una idea del derramamiento de sangre que los judíos habrían recordado, puedes leer el libro de 2 Macabeos 7:1-41. William Barclay, en su comentario sobre Hebreos, señala que esta era una frase muy conocida de la época de los macabeos que habría llamado a sus oyentes a tener coraje y a avergonzarse de su falta de entrega a Dios. Los Macabeos sufrieron y murieron por su fe, ¡y nosotros deberíamos estar dispuestos a hacer lo mismo!

Y ya han olvidado por completo las palabras de aliento que como a hijos se les dirigen:

«Hijo mío, no tomes a la ligera la disciplina del Señor
*   ni te desanimes cuando te reprenda,*
porque el Señor disciplina a los que ama,
*   y azota a todo el que recibe como hijo».*

Lo que soportan es para su disciplina, pues Dios los está tratando como a hijos. ¿Qué hijo hay a quien el padre no disciplina? Si a ustedes se les deja sin la disciplina que todos reciben, entonces son bastardos y no hijos legítimos. Después de todo, aunque nuestros padres humanos nos disciplinaban, los respetábamos. ¿No hemos de someternos, con mayor razón, al Padre de los espíritus, para que vivamos? En efecto, nuestros padres nos disciplinaban por un breve tiempo, como mejor les parecía; pero Dios lo hace para nuestro bien, a fin de que participemos de su santidad. Ciertamente, ninguna disciplina, en el momento de recibirla, parece agradable, sino más bien penosa; sin embargo, después produce una cosecha de justicia y paz para quienes han sido entrenados por ella.

Por tanto, renueven las fuerzas de sus manos cansadas y de sus rodillas debilitadas. «Hagan sendas derechas para sus pies», para que la pierna coja no se disloque, sino que se sane». (Hebreos 12:5-13)

Un cambio de estrategia por parte del autor nos señala una nueva dirección de pensamiento. Se nos recuerda que todo lo que sufrimos es en realidad una confirmación de que somos hijos de Dios. Ello no es motivo para cansarse y desanimarse, sino que es un motivo para estar animados. Se cita a Proverbios 3:11-12 y se aplica a nosotros como sus hijos. El contexto es increíblemente importante. Una vez, un joven predicador compartió una historia de cómo su hermano se acercó a un auto y rompió la ventana, metió la mano y agarró a una mujer por la blusa, ¡y la sacó del auto! ¿Estaba borracho? ¿Enojado? ¿Se trataba de un caso de furia al volante? Deja que el contexto decida. Resulta que el auto del que estamos hablando se incendió en un accidente. De repente, el hombre cambia de villano a héroe. El contexto nos dice cómo sentirnos y cómo responder a una experiencia. Saber que Dios nos trata como a sus hijos pone incluso el sufrimiento en el contexto correcto. Alguien le preguntó una vez a C.S. Lewis por qué los cristianos tienen cáncer, y él respondió que es para mostrarle al mundo la diferencia. ¡Qué gran respuesta! El sufrimiento con propósito es redentor y, combinado con la fe, nos hace madurar y ser más como Cristo. El sufrimiento sin fe suele amargar a la gente. Como alguien me dijo una vez durante un momento difícil: "Puedes elegir entre ser mejor o ser un amargado" (juego de palabras en inglés: *get better or get bitter*).

Estamos llamados a comprender que Dios nos trata como a sus hijos. ¡Estamos siendo disciplinados! Estamos siendo tratados de la misma manera que cualquier buen padre trata a su hijo. A la mayoría de los padres no les gusta disciplinar a sus hijos, pero sienten que deben hacerlo para formar el carácter correcto en ellos. Yo (Roberto) desearía haber podido aprender todo a través de las enseñanzas a medida que crecía. Pero en realidad, hubo cosas que solo aprendí cuando fui disciplinado y otras únicamente cuando sufrí. Al criar a mis propios hijos, vi la misma verdad repetida a menudo. Nunca deseé que tuvieran que sufrir nada, pero sabía que algunas lecciones no las aceptarían hasta que sufrieran las consecuencias de no escuchar. En mi experiencia, los niños con frecuencia aprenden lo que pueden y no pueden hacer al sufrir heridas en el cuerpo o en el ego. Dios nos bendice de muchas maneras, pero ciertamente hay momentos en que no lo pone fácil. Hay momentos en que guarda silencio mientras sufrimos por las dificultades, porque sabe lo que producirá en nuestro corazón y en nuestro carácter. Él va formando rasgos de carácter que considera vitales para nuestra salvación a largo plazo y para estar en el cielo con él para siempre. La perseverancia es necesaria para aguantar la carrera hasta el final. Y dado que se desarrolla principalmente por el sufrimiento a largo plazo, Dios nos ama lo suficiente como para dejarnos en situaciones difíciles para que lleguemos a la meta. Las palabras clave en esta sección son "hijos" y "padre". Dios nos da el contexto de su sufrimiento y nos recuerda quiénes somos para él: sus hijos.

El autor nos da tres razones por las que debemos aceptar los desafíos en nuestra vida. Debemos soportar las dificultades porque:

a. Los que vinieron antes de ti lo hicieron, y lo lograron (Hebreos 12:1).
b. Nuestro sufrimiento es relativamente menor en comparación con lo que soportó Jesús.
c. Como disciplina, en realidad es una expresión del amor de Dios.

¿Cuál es tu actitud hacia la adversidad que Dios permite que se presente en tu camino? Hay algunas posibilidades. Podemos:

d. Aceptarla con resignación
e. Aceptarla, afrontarla y superarla cuanto antes
f. Aceptarla con una actitud del tipo "pobre de mí"
g. Aceptarla con rencor como si fuera un castigo
h   Aceptarla como si viniera de un padre amoroso

No es difícil ver cuál es la actitud que debemos preferir para ayudarnos a llegar al cielo.

Por tanto, renueven las fuerzas de sus manos cansadas y de sus rodillas debilitadas. «Hagan sendas derechas para sus pies», para que la pierna coja no se disloque, sino que se sane.

En resumen, estamos llamados a reflexionar detenidamente sobre lo que hacemos. Debemos tomar medidas específicas para no caer o debilitarnos. Debemos hacer lo que sea que nos haga más fuertes y que haga más posible que lleguemos a la meta. No podemos darnos el lujo de ser pasivos y simplemente tomar la vida como viene. Debemos pensar cuidadosamente sobre el camino que tomamos y colaborar con los esfuerzos de Dios para hacernos más fuertes. Podemos allanar el camino quitando los obstáculos y evitar diligentemente el pecado, pues nos alejará de Dios. Este versículo recuerda el pasaje en Proverbios 4:26: "Endereza las sendas por donde andas; allana todos tus caminos". Aceptemos esta advertencia y pongámosla en práctica.

La siguiente pequeña sección de Hebreos puede parecer una sección de comentarios aparte porque no tiene una conexión evidente con lo que viene antes o después. Quizás es un punto que el escritor de Hebreos sintió que era extremadamente importante de hacer, pero no encajaba en ninguna sección en particular de su esquema, pero sintió que tenía que decirlo. ¿Por qué? Porque nuestra salvación final está en juego en cuanto a estas cosas. Será mejor que no pasemos por este pasaje sin hacer una pausa y mirar muy detenidamente a nuestras vidas.

> *Busquen la paz con todos, y la santidad, sin la cual nadie verá al Señor. Asegúrense de que nadie deje de alcanzar la gracia de Dios; de que ninguna raíz amarga brote y cause dificultades y corrompa a muchos; y de que nadie sea inmoral ni profano como Esaú, quien por un solo plato de comida vendió sus derechos de hijo mayor. Después, como ya saben, cuando quiso heredar esa bendición, fue rechazado: No se le dio lugar para el arrepentimiento, aunque con lágrimas buscó la bendición. (Hebreos 12:14-17)*

En el versículo 14 vemos otro cambio de marcha. Ahora nos dirigimos hacia abajo de la montaña y avanzamos hacia el final de la gran exhortación del libro de Hebreos. Una serie de exhortaciones son como cintas que envuelven el regalo. ¡Sé santo! No dejes de alcanzar la gracia de Dios. No permitas que raíces amargas hacia tus hermanos cristianos crezcan en tu corazón. Asegúrate de que nadie sea sexualmente inmoral o impío como Esaú. ¿Qué tienen en común todas estas advertencias? Son cosas en las que caemos cuando dejamos de pelear la buena batalla. Algunas personas se alejan de una manera visible del Señor: dejan de asistir a la iglesia; dejan de pasar tiempo con los hermanos; sus tiempos de oración y estudio personal de la Biblia se detienen por completo. Es obvio que han dejado a Dios.

Otros no dejan de asistir, pero en su corazón se han alejado de Dios. No hay un cambio evidente en su vida excepto que se debilitan en sus convicciones y ceden a su naturaleza pecaminosa más fácilmente. Dejan de vivir una vida santa. Esto suele manifestarse en relaciones tensas con personas de la iglesia. Esta persona cae en malos hábitos, y el amor de Dios ya no es suficiente para mantenerlos en el camino recto y angosto. Comienzan a sentirse resentidos por los sacrificios que requiere la vida cristiana. La amargura se cuela y reemplaza el espíritu que alguna vez fue gozoso y sacrificial. Se nos advierte que no seamos como Esaú, quien con ligereza entregó su herencia por un placer momentáneo. Este es el cristiano que se aleja por una relación inmoral, por drogas o por una lucrativa oportunidad de carrera, que vende su herencia por un placer barato. Uno no puede caminar con Dios y vivir activamente en el pecado. La santidad es necesaria para ver al Señor. ¡Esta es nuestra última advertencia!

Parece que aquí la preocupación particular en la mente de Dios es que podríamos ser contaminados por una "raíz amarga". Esto recuerda a Deuteronomio 29:18. En este pasaje, la raíz amarga es un remanente de idolatría en el corazón, que nunca fue suficientemente arrancado. Tales raíces amargas tienen la costumbre de engendrar retoños y crecer en los puntos más débiles que tenemos. Según mi experiencia (de John), la causa más común de una raíz amarga en la vida cristiana es el resentimiento por haber sido traicionado o utilizado con fines egoístas por otro creyente. Si somos cristianos el tiempo suficiente, ¡esto sucederá! Nada es más difícil que ser maltratado por aquellos a quienes amamos. Quienes más amamos también pueden lastimarnos más. Esto puede conducir fácilmente a un resentimiento no resuelto. Es esencial que arranquemos de raíz estos resentimientos para que no se conviertan en una amargura que haga impuros nuestros corazones. Jesús nos dice en la parábola del siervo despiadado que, si no perdonamos a nuestro hermano o hermana que peca contra nosotros, él no nos perdonará nuestros pecados. ¡Hay que extraer esas raíces! Si no lo hacemos, con el tiempo venderemos nuestra alma por una miseria. Una vez que se deja crecer una raíz amarga, es increíble saber por cuán poco venderemos nuestra alma. En el caso de Esaú, vendió su herencia por un plato de guiso de lentejas. ¡Loco! ¡Imposible! Pero eso es exactamente lo que nos sucederá si permitimos que crezca el resentimiento (y Jacob le dio a Esaú muchas razones para dejar crecer el resentimiento).

¿Cuál es la raíz amarga que podría hacerte caer? Será mejor que saques la pala espiritual y extraigas esa cosa. Mira el resultado si no lo haces: "Después, como ya saben, cuando quiso heredar esa bendición, fue rechazado: No se le dio lugar para el arrepentimiento, aunque con lágrimas buscó la bendición". Efectivamente, podemos perder nuestra herencia, nuestra salvación, y si nos apartamos de Dios, ello es irreversible. Tomemos esto como una advertencia solemne.

Capítulo 17

Resumen: La montaña del miedo y la montaña de la alegría

Hebreos 12:18-29

Ahora hemos llegado al argumento final de este sermón épico. El hermoso lenguaje está cargado de emoción y, al mismo tiempo, es un resumen de la línea de razonamiento utilizada a lo largo del libro.

> *Ustedes no se han acercado a una montaña que se pueda tocar o que esté ardiendo en fuego; ni a oscuridad, tinieblas y tormenta; ni a sonido de trompeta, ni a tal clamor de palabras que quienes lo oyeron suplicaron que no se les hablara más, porque no podían soportar esta orden: «¡Será apedreado todo el que toque la montaña, aunque sea un animal!» Tan terrible era este espectáculo que Moisés dijo: «Estoy temblando de miedo».*
>
> *Por el contrario, ustedes se han acercado al monte Sión, a la Jerusalén celestial, la ciudad del Dios viviente. Se han acercado a millares y millares de ángeles, a una asamblea gozosa, a la iglesia de los primogénitos inscritos en el cielo. Se han acercado a Dios, el juez de todos; a los espíritus de los justos que han llegado a la perfección; a Jesús, el mediador de un nuevo pacto; y a la sangre rociada, que habla con más fuerza que la de Abel. (Hebreos 12:18-24)*

Si esto fuera un concierto, aquí es donde el cantante cantaría el crescendo más dramático. Si Hebreos es un sermón, aquí es donde el predicador alzaría su voz y proclamaría poderosamente la verdad. Nuestros corazones se conmoverían grandemente. Una vez más, como se ha visto en tantos lugares del libro de Hebreos, hay una comparación y un contraste con el pasado hebreo (Éxodo 19:9-23; Deuteronomio 4:11, 9:8-19).

Los primeros hebreos escaparon de Egipto y llegaron al monte Sinaí, la montaña del Señor, para establecer un nuevo pacto. Este fue el evento más sagrado y memorable en toda la historia del pueblo judío, cuando recibieron la ley. Hubo relámpagos, trompetas y grandes vientos que los aterrorizaban.

El primer pacto fue recibido con gran temor. La gente estaba tan asustada que le rogaron a Dios que dejara de hablar. Permanecieron a distancia, detrás de una cerca. Incluso Moisés tembló de pavor. Dios le dijo a Moisés:

> *Pon un cerco alrededor del monte para que el pueblo no pase. Diles que no suban al monte, y que ni siquiera pongan un pie en él, pues cualquiera que lo toque será condenado a muerte. Sea hombre o animal, no quedará con vida. Quien se atreva a tocarlo, morirá a pedradas o a flechazos. (Éxodo 19:12-13)*

Cuando se estableció el primer pacto, estar en la presencia de Dios era algo que debía evitarse a toda costa. Si alguien cruzaba la barrera, se les decía que dispararan a la persona con una flecha desde detrás de la cerca y que dejaran el cuerpo donde hubiese caído, sin ser recogido.

Ahora, en cambio, nos acercamos al nuevo monte Sión. El segundo evento no se parece en nada al primero. En lugar de temblar de miedo, ¡tenemos ángeles cantando y una asamblea gozosa! Lo que tenemos en Cristo es fantásticamente superior a todo lo que los judíos habían conocido. En el primer pacto, presentarse ante Dios inspiraba temor. En Cristo, inspira esperanza y alegría. Tuvieron relámpagos y vientos terroríficos. Tenemos miles y miles de ángeles en asamblea gozosa. ¿Cómo podrían ellos (o nosotros) considerar regresar a una religión "segura" basada en una ceremonia vacía y en el miedo? La religiosidad no nos da acceso a la presencia de Dios. Se pinta un cuadro de la iglesia, el cielo y Jesús del que es acogedor e inspirador ser parte. ¡Cómo podría alguien resistirse a esta montaña!

Habiendo resumido la grandeza de lo que tenemos en Cristo, naturalmente nuestro predicador concluye el cuerpo de su sermón con una última advertencia:

> *Tengan cuidado de no rechazar al que habla, pues, si no escaparon aquellos que rechazaron al que los amonestaba en la tierra, mucho menos escaparemos nosotros si le volvemos la espalda al que nos amonesta desde el cielo. En aquella ocasión, su voz conmovió la tierra, pero ahora ha prometido: «Una vez más haré que se estremezca no solo la tierra, sino también el cielo». La frase «una vez más» indica la*

transformación de las cosas movibles, es decir, las creadas, para que permanezca lo inconmovible.

Así que nosotros, que estamos recibiendo un reino inconmovible, seamos agradecidos. Inspirados por esta gratitud, adoremos a Dios como a él le agrada, con temor reverente, porque nuestro «Dios es fuego consumidor».
(Hebreos 12:25-29)

Una vez más, una referencia al pasado contrasta fuertemente con el presente. Nadie que se negó a escuchar la voz de Dios en el monte Sinaí escapó con vida. Sin embargo, la voz en el Sinaí era simplemente la de un ángel. Ahora Jesús está a la diestra de Dios en el tabernáculo celestial, hablando desde el trono de Dios. Si nadie puede escapar si ignora la voz en la tierra, ¿cuánto más debemos prestar atención a la voz del cielo? Una cita de una profecía en Hageo 2:6 nos recuerda que Dios prometió que cambiaría las cosas una vez más en el futuro. En ese momento, no solo el monte Sinaí, sino toda la creación, tanto el cielo como la tierra, serán sacudidos, dejando únicamente el reino de Dios en pie. ¡Este es un evento mucho más trascendental!

Por lo tanto, por todo lo aquí dicho y por todo lo que reconocemos como verdad, debemos ser conmovidos profundamente por Dios. Somos parte de un reino que permanece en pie e inquebrantable. Debemos estar agradecidos y adorar a Dios con admiración. El lenguaje original dice que tenemos gracia y, por lo tanto, debemos servir al Señor con reverencia y santo temor. Este fue un poderoso recordatorio para los oyentes hebreos que sabían muy bien que Dios es santo y maravilloso. Los judíos fueron criados inculcándoseles un santo temor de Dios que la mayoría de los cristianos gentiles de entonces y ahora no entienden. Muchos judíos ortodoxos ni siquiera escriben la palabra "Dios". En su lugar, escriben "D¬-S". No dicen su nombre, sino que dicen "el Nombre". La palabra hebrea para adoración significa postrarse ante Dios. Esta es una lección valiosa para nosotros. Aquellos de nosotros criados como ortodoxos o católicos podemos entender la cultura del temor reverente del Señor. Los que fuimos influenciados por el cristianismo evangélico vemos a Dios más como un amigo o un padre bondadoso que como un fuego consumidor. Dios es los tres, por supuesto, pero vale la pena notar que el escritor de Hebreos nos deja con una impresión final de Dios como alguien a quien debemos tener un temor reverente. Haríamos bien en recordar que él es un fuego consumidor. Nuestro gran sumo sacerdote y salvador Jesucristo obedeció al Padre hasta la muerte en la cruz. Sigamos su gran ejemplo. Si lo hacemos, lo seguiremos al tabernáculo celestial para morar con el Señor para siempre.

Capítulo 18

Exhortaciones finales
Hebreos 13:1-25

En la sección final del libro de Hebreos, el autor cambia considerablemente su tono y estilo. Para todos los efectos prácticos, su sermón se completó con el resumen dramático de Hebreos 12:18-29. Ahora el estilo del libro cambia al de una carta personal, ejemplificado por los últimos versículos, que tienen la forma del final formal de una carta típica del primer siglo. Aunque el cuerpo de su sermón está completo, nuestro predicador no está lanzando simplemente algunos pensamientos finales. Las advertencias prácticas señaladas en el capítulo 13 son fundamentales para lo que él está tratando de lograr en todo el sermón, y los puntos señalados están íntimamente conectados con el mensaje que ha estado entregando acerca de la grandeza de Jesús. Esto no es diferente a muchas de las cartas de Pablo a iglesias individuales en las que comienza con un hermoso tratado teológico al que siguen exhortaciones sobre la vida cristiana práctica. Sus exhortaciones están íntimamente conectadas con la teología desarrollada en la primera mitad de sus cartas.

Las advertencias en el último capítulo de Hebreos involucran el discipulado, las relaciones en el cuerpo de Cristo y la adoración. Se introducen en el sermón formal mediante las líneas finales: "Así que nosotros, que estamos recibiendo un reino inconmovible, seamos agradecidos. Inspirados por esta gratitud, adoremos a Dios como a él le agrada, con temor reverente" (12:28). En el capítulo 13 recibimos consejos del mundo real sobre la vida en el reino y la adoración aceptable de Dios. Las advertencias prácticas en esta sección final se pueden resumir de la siguiente manera:

1. Amor fraternal (v. 1)
2. Hospitalidad (v. 2)
3. Empatía por los que están en circunstancias difíciles (v. 3)
4. Pureza sexual (v. 4)
5. Contentamiento frente a las cosas del mundo (v. 5-6)
6. Sumisión a líderes piadosos (v. 7-8, 17)
7. Confianza frente a la hostilidad (v. 9-14)

Consideremos las cinco primeras advertencias:

> *Sigan amándose unos a otros fraternalmente. No se olviden de practicar la hospitalidad, pues gracias a ella algunos, sin saberlo, hospedaron ángeles. Acuérdense de los presos, como si ustedes fueran sus compañeros de cárcel, y también de los que son maltratados, como si fueran ustedes mismos los que sufren.*
>
> *Tengan todos en alta estima el matrimonio y la fidelidad conyugal, porque Dios juzgará a los adúlteros y a todos los que cometen inmoralidades sexuales. Manténganse libres del amor al dinero, y conténtense con lo que tienen, porque Dios ha dicho:*
>> *«Nunca te dejaré;*
>>> *jamás te abandonaré».*
>> *Así que podemos decir con toda confianza:*
>>> *«El Señor es quien me ayuda; no temeré.*
>>>> *¿Qué me puede hacer un simple mortal?»*
> *(Hebreos 13:1-6)*

1. Amor fraternal

La primera de varias aplicaciones prácticas de lo que hemos aprendido en Hebreos es esta: necesitamos practicar el amor fraternal. La palabra griega para este tipo de amor es *philadelphia,* que resulta ser el nombre de una ciudad famosa en los Estados Unidos. Literalmente significa el tipo de amor entre hermanos y hermanas. Es amor de familia. Es el cariño sentido y ofrecido entre quienes se conocen con gran intimidad. En el griego clásico, esta palabra solo se aplicaba a las familias reales, pero la iglesia cristiana aplicó la palabra a las relaciones en el cuerpo de Cristo. Tal como lo expresó Pedro: "Ámense de todo corazón los unos a los otros" (1 Pedro 1:22). Para llegar a la tierra prometida, nos necesitamos unos a otros. Esta advertencia continúa un pensamiento que se desarrolla a lo largo de la carta, ya que se nos ha exhortado a animarnos unos a otros diariamente y a estimularnos al amor y a las buenas obras. Hebreos probablemente no sea el primer libro del Nuevo Testamento que nos viene a la mente cuando pensamos en pasajes de "unos a otros", pero en realidad contiene bastantes menciones a ello. Hermanos y hermanas, nos necesitamos unos a otros; necesitamos formar y construir relaciones profundas, afectuosas e íntimas. Esto requerirá que salgamos de nuestro egoísmo, pero necesitamos este tipo de amor entre nosotros, ya que es una expresión visible del amor que Dios tiene para cada uno de nosotros.

2. Hospitalidad

No solo se nos anima a ser una verdadera familia unos con otros, sino que se nos exhorta a extender esa atmósfera familiar a los de afuera. Esto se aplicaría tanto a los discípulos de Cristo a quienes no conocemos personalmente como a los no creyentes. Lo más probable es que el escritor de Hebreos tenga lo primero en mente aquí. La hospitalidad fue una gran parte de la cultura del Cercano Oriente en la antigüedad, y todavía lo es hoy. Sin embargo, se pedía a los creyentes que fueran mucho más allá de lo que se consideraba la hospitalidad normal en la cultura pagana.

Los cristianos del primer siglo fueron muy perseguidos. No era nada raro que se vieran obligados a huir de sus hogares a otras ciudades a causa de la persecución. Además, una gran parte de la iglesia primitiva estaba formada por esclavos, que no serían bienvenidos en ninguna de las casas de los paganos. En aquellos tiempos, las posadas públicas eran deplorables, a un nivel que sería difícil para nosotros siquiera imaginar. Con frecuencia, eran burdeles. Estaban sucias e infestadas de enfermedades, y era probable que robaran a quienes se alojaban en estos establecimientos. Por esta razón, la iglesia primitiva estableció un sistema informal de hospitalidad para los hermanos cristianos. En el primer siglo, obviamente no había servicio telefónico, e internet todavía estaba muchos siglos en el futuro, por lo que era probable que los refugiados aparecieran de improviso. Sin embargo, el escritor de Hebreos anima a los creyentes a que los reciban en sus hogares.

Los que recibieron la carta a los Hebreos estaban a punto de entrar en un período de mayores presiones contra su fe. No solo necesitaban estar dispuestos a ofrecer hospitalidad, sino que necesitaban estar en una iglesia en la que se sintieran seguros por el hecho de que se les ofrecería la misma hospitalidad si fuera necesario. Idealmente, obtendremos nuestro sentido de seguridad de Dios, pero, en términos prácticos, tener un sentimiento de seguridad el uno del otro puede ayudarnos a mantener el ideal espiritual de confiar solo en Dios. Esta seguridad de vida y de hogar debe venir desde dentro de la iglesia, para que todos puedan dar un paso de fe más fácilmente.

A fin de motivar a los discípulos, el escritor de Hebreos les recuerda que en algunos casos en el Antiguo Testamento la oferta de hospitalidad a completos extraños traía increíbles bendiciones. Puede que él tuviera en mente la historia de Abraham y los tres visitantes angelicales en Génesis 18, o quizás sus oyentes recuerden a Manoa, el padre de Sansón en Jueces 13. En ambos casos, la hospitalidad ofrecida a los extraños estuvo muy por encima del llamado a cumplir con el deber. Échale un vistazo a Génesis 18:1-16 para que veas. Algunos han enseñado que Hebreos 13:2 implica que nosotros también podemos hospedar ángeles. Esto parece poco probable, ya que el autor simplemente está utilizando las historias de los héroes de la fe como un incentivo para que practiquemos la hospitalidad, pero quién sabe... En cualquier caso, es hora de que cada uno de nosotros individualmente nos preguntemos si somos hospitalarios. ¿Recibes en tu casa a personas que son totales extrañas, si ellas así te lo piden? ¿Cuándo fue la última vez que hospedaste a alguien en tu casa? ¿Aquellos que te conocen bastante bien y aquellos con quienes solo estás un poco familiarizado hacen alarde de tu maravillosa hospitalidad? Si aceptas esta advertencia, es muy posible que alguien llegue al cielo porque obedeció este mandato. La hospitalidad es un aspecto importante de nuestro evangelismo.

3. Empatía por los que están en circunstancias difíciles

Cuando los tiempos son difíciles, el instinto humano natural es cuidar primero de uno mismo y de la familia. Los cristianos, sin embargo, se rigen por el espíritu de Jesús, no por el instinto de conservación. Nuestro autor ya mencionó en Hebreos 10:34 que los destinatarios de la carta de Hebreos muchas veces habían ayudado a los presos: "También se compadecieron de los encarcelados y, cuando a ustedes les confiscaron sus bienes, lo aceptaron con alegría, conscientes de que tenían un patrimonio mejor y más permanente". Pero observa su uso del tiempo pasado. Esto implica que su celo por los que estaban en problemas había disminuido considerablemente. Cuando éramos jóvenes cristianos, estábamos llenos de un sentido de idealismo. Estábamos dispuestos a ir a cualquier parte y hacer cualquier cosa por Cristo. ¿Cómo te va en esta área ahora? ¿Has vuelto a caer en una actitud más parecida a la del mundo? Debemos recordar que aquellos que son despreciados por el mundo son nuestros amigos. Considera la forma en que Jesús trató a los recaudadores de impuestos, a las prostitutas y, aún peor a los ojos de los judíos, a los samaritanos. Era amigo de los "pecadores". ¿Y tú?

Si estudiáramos la actitud de la iglesia primitiva hacia los esclavos, encarcelados o desterrados a las minas, estaríamos avergonzados. La mayoría de nosotros sabemos que miles de cristianos fueron encarcelados por negarse a renunciar su fe. Lo que pocos sabemos es que aún en mayor número fueron desterrados a las minas. Ser enviado a las minas era una tácita sentencia de muerte. A fines del segundo siglo, el padre de la iglesia Tertuliano escribió: "Si hay quienes estuvieran en minas, en islas, en prisiones únicamente por la causa de nuestro Dios, son también alimentados por la religión que profesan". A principios del siglo II, Ignacio tuvo que amonestar a las iglesias contra el uso excesivo de los fondos de la iglesia para comprar la libertad de los esclavos. Los miembros se estaban empobreciendo irreversiblemente para ayudar a los necesitados. Es poco probable que muchos de nosotros hoy necesitemos recibir esta amonestación. En el siglo IV, en respuesta al trabajo de los cristianos para aliviar las crueles condiciones en las prisiones, el emperador Licinio aprobó una ley según la cual nadie debía mostrar bondad a los que sufrían en prisión proporcionándoles alimentos, y que nadie debía mostrar misericordia a los que mueren de hambre en la cárcel.

¿Entendemos que el deseo de Dios es que tal ayuda para los marginados, los inmigrantes ilegales, los alcohólicos esclavizados y los que están en prisión sea una parte importante de nuestro programa de evangelización? Debemos hacer esto, no solo porque puede ser una forma efectiva de llegar a estas personas, sino porque nuestro sumo sacerdote Jesús nos demostró el ministerio de la compasión:

> *Al ver a las multitudes, tuvo compasión de ellas, porque estaban agobiadas y desamparadas, como ovejas sin pastor. «La cosecha es abundante, pero son pocos los obreros —les dijo a sus discípulos—. Pídanle, por tanto, al Señor de la cosecha que envíe obreros a su campo». (Mateo 9:36-38)*

4. Pureza sexual

Puede parecer sorprendente que el escritor de Hebreos se sintiera obligado a mencionar aquí la pureza sexual. ¿No es obvio que debemos mantener puro el lecho matrimonial? Sí, esto es obvio, pero cuando nos debilitamos en nuestra fe, las cosas que antes no eran ni la más mínima tentación pueden ahora entrar en escena. Además, Dios está abordando un tema que fue significativo en la iglesia primitiva pero que no es tanto problema para nosotros hoy. Para el segundo siglo (y aparentemente ya en el primer siglo, según Hebreos 13:4), algunos enseñaban que se podía lograr una mayor justicia o integridad mediante un estilo de vida ascético. Pablo permitió la posibilidad de que un discípulo de Jesús eligiera un estilo de vida célibe, pero algunos lo celebraban como una forma de vida más honorable que el matrimonio y la crianza de los hijos en un hogar cristiano. Como respuesta a este punto de vista desbalanceado, se advierte a estos cristianos que "Tengan todos en alta estima el matrimonio".

5. Contentamiento con las cosas de Dios, no del mundo

Si fijamos nuestra mirada en Jesús, no en las cosas del mundo, entonces estaremos contentos con lo que tenemos. Sin embargo, por su propia naturaleza, las cosas del mundo son visibles, y las cosas del reino de Dios son invisibles. La tentación de apartar la mirada de Jesús y mirar las cosas visibles es de nunca acabar. Es por eso que nuestro autor provee un capítulo completo a tener contentamiento con las cosas de Dios, no con los placeres del mundo (Hebreos 11), al que incluso le añade otro recordatorio. Como dijo Pablo: "Es cierto que con la verdadera religión se obtienen grandes ganancias" (1 Timoteo 6:6). También declaró audazmente: "Así que, si tenemos ropa y comida, contentémonos con eso" (1 Timoteo 6:8).

¿Amas el dinero? ¿Qué llama más tu atención, tu plan de jubilación personal o el plan de jubilación de Dios para ti? ¿Realmente confías en Dios en esta área, o es más una cuestión de palabras? Decimos: "Dios tiene el control", pero luego actuamos como si el todopoderoso dólar, peso o euro controlara nuestros corazones. Consciente de esta tentación, el autor de Hebreos nos recuerda la seguridad que proviene de Dios en Deuteronomio 31:6 cuando escribe: "Nunca los dejará ni los abandonará". La pregunta es si, en lo más profundo de nuestro corazón, realmente creemos esto. Si lo hacemos, entonces declararemos confiadamente como el salmista: "El Señor está conmigo, y no tengo miedo; ¿qué me puede hacer un simple mortal?".

Esta es una gran pregunta que debemos hacernos. ¿Qué es lo peor que el mundo puede hacerte? Puede matarte y enviarte a tu hogar eterno en el cielo. Pablo declaró: "Porque para mí el vivir es Cristo y el morir es ganancia" (Filipenses 1:21). Lo loco es que cuando dijo esto, ¡lo decía en serio! ¿Puedes unirte a este coro? Si es así, vivirás una vida satisfecha y con contentamiento.

En un viaje de enseñanza reciente, yo (John) fui a Port Harcourt, Nigeria, donde el problema del secuestro de occidentales es tan frecuente que tuve un guardia con una ametralladora conmigo todo el tiempo que estuve allí. Mis amigos me preguntaron cuando regresé a los Estados Unidos: "¿No tienes miedo de ir allí?". Mi respuesta: "El Señor está conmigo, y no tengo miedo; ¿qué me puede hacer un simple mortal?". De verdad, ¿qué es lo peor que podrían hacerme? Sería un honor ser secuestrado por causa de Cristo. Eso es lo menos que podía hacer por su causa. Las cosas que producen terror mortal en la gente del mundo no deberían intimidarnos si entendemos la esperanza que tenemos. ¿Qué amas y qué temes?

Consideremos más advertencias de Hebreos 13:

> *Acuérdense de sus dirigentes, que les comunicaron la palabra de Dios. Consideren cuál fue el resultado de su estilo de vida, e imiten su fe. Jesucristo es el mismo ayer y hoy y por los siglos.*
>
> *No se dejen llevar por ninguna clase de enseñanzas extrañas. Conviene que el corazón sea fortalecido por la gracia, y no por alimentos rituales que de nada aprovechan a quienes los comen.*
>
> *Nosotros tenemos un altar del cual no tienen derecho a comer los que oficial en el tabernáculo. Porque el sumo sacerdote introduce la sangre de los animales en el Lugar Santísimo como sacrificio por el pecado, pero los cuerpos de esos animales se queman fuera del campamento. Por eso también Jesús, para santificar al pueblo mediante su propia sangre, sufrió fuera de la puerta de la ciudad. Por lo tanto, salgamos a su encuentro fuera del campamento, llevando la deshonra que él llevó, pues aquí no tenemos una ciudad permanente, sino que buscamos la ciudad venidera.*
>
> *Así que ofrezcamos continuamente a Dios, por medio de Jesucristo, un sacrificio de alabanza, es decir, el fruto de los labios que confiesan su nombre. No se olviden de hacer el bien y de compartir con otros lo que tienen, porque esos son los sacrificios que agradan a Dios.*
>
> *Obedezcan a sus dirigentes y sométanse a ellos, pues cuidan de ustedes como quienes tienen que rendir cuentas. Obedézcanlos a fin de que ellos cumplan su tarea con alegría*

*y sin quejarse, pues el quejarse no les trae ningún provecho.
(Hebreos 13:7-17)*

Vamos a extraer dos advertencias más de esta sección.

6. Sumisión a líderes piadosos

La motivación principal para que nos aferremos a nuestra fe debe ser nuestra esperanza en Jesús. Sin embargo, el escritor de Hebreos sabe que a veces necesitamos la ayuda de un ejemplo vivo que podamos ver para reforzar la fe que ponemos en Cristo. Por ejemplo, cuando somos tentados a dudar en nuestra fe, podemos recordar que Jesús no es el único que ha peleado la buena batalla, ha terminado la carrera y ha mantenido la fe (parafraseando a 2 Timoteo 4:7). En cierto sentido, él no es el único pionero para nosotros. Cuando somos tentados a quedar atrapados en las cosas que el mundo nos arroja y a dejar de estar enfocados en hacer lo correcto, podemos mirar a Jesús como ejemplo, pero también podemos considerar el resultado de las vidas ejemplares de los discípulos fieles que hemos tenido oportunidad de conocer. Debemos poner nuestra fe en lo que no se ve, pero un ejemplo positivo y visible a veces puede ayudar. Todos conocemos hermanos y hermanas que han ejemplificado fielmente los ideales cristianos. También hemos conocido a otros que no han logrado vivir dicho ideal. Podemos "considerar el resultado de su estilo de vida". ¿Cuál fue el resultado de sus vidas? ¿Quién fue más bendecido por Dios al final? ¿La fe de quién deberíamos imitar? ¿Valió la pena para ellos dejarlo todo por Cristo? Sabemos que así lo fue, como nos lo dice la experiencia. ¿Qué se dijo en su funeral? ¿Qué quieres que digan en el tuyo?

"Jesucristo es el mismo ayer y hoy y por los siglos". En otras palabras, si él fue fiel a los que vinieron antes de ti, también lo será contigo. Podemos estar seguros de esto. ¡Valdrá la pena!

Saltaremos a Hebreos 13:16-17, donde nuestro autor termina sus pensamientos sobre nuestra relación con quienes dirigen la iglesia. Dios nos está exhortando a ponernos voluntariamente bajo la autoridad de aquellos que nos guían. La suya es una autoridad delegada a ellos por Dios; por lo tanto, rendirán cuentas al respecto. Muchos ejemplos bíblicos nos informan que al pueblo de Dios le va mejor cuando hay un hombre piadoso que los dirige. Todos queremos ser parte de un grupo que va a alguna parte, ¿no es así? Si nuestro ministerio local está atascado y sin dirección, esto solo puede dañar nuestra propia fe. Sin embargo, los líderes no pueden conducir muy bien a la iglesia a ninguna parte si los miembros no los siguen. El líder piadoso es el siervo de todos, y no ejerce poder o dominio sobre el rebaño. Por lo tanto, para que la iglesia funcione como una unidad, los miembros deben libremente ofrecerse a someterse a los líderes y seguirlos. Como dijo Débora: "Cuando los príncipes de Israel toman el mando, cuando el pueblo se ofrece voluntariamente, ¡bendito sea el Señor!" (Jueces 5:2). ¿Significa esto que los miembros siempre estarán de acuerdo con la dirección? Obviamente no, pero si el líder tiene que engatusar o suplicar a los miembros que apoyen el curso que ha establecido, eso haría que su trabajo fuera una carga, no una alegría. Con el tiempo, se agotará y dejará de liderar valientemente a la iglesia.

¿Quiénes resultarán más heridos si no apoyamos a nuestros líderes? Seremos nosotros mismos, porque si no los apoyamos, eso no nos traerá ningún provecho. Si hacemos las cosas de mala gana, en lugar de apoyar un programa organizado por la iglesia, bien podríamos pegarnos un tiro en el pie. Entonces, estemos dispuestos a apoyar a nuestros líderes en el nombre de Cristo.

7. Confianza frente a la hostilidad

Es un poco difícil entender exactamente a dónde está tratando de llevarnos nuestro autor en Hebreos 13:9-14. Comienza animándonos a encontrar nuestra fuerza espiritual en la gracia de Dios y no en las ceremonias religiosas. No está claro de qué "enseñanzas extrañas" está hablando, pero lo más probable es que ellas procedían de los judaizantes, aquellos que animaban a los cristianos a confiar en las formas judías de adoración para alcanzar la justicia. Somos muy conscientes de que los oyentes de este sermón fueron fuertemente tentados a volver a estas formas de adoración para evitar la persecución. Fueron tentados a depender de los sacrificios en el altar en las antiguas y gastadas ceremonias del judaísmo. Pero tenemos un tabernáculo mucho más grande, ¿no es así? Tenemos a Jesús, el autor y consumador de una salvación mucho mayor.

Aunque ya no observamos los sacrificios en la ley de Moisés, el escritor de Hebreos saca un ejemplo de la ofrenda por el pecado para ayudarnos a pensar en cómo debemos tratar con aquellos que se oponen a nosotros. Los falsos maestros se burlarán de nosotros e incluso tratarán de sacarnos de sus iglesias, pero, así como la ofrenda por el pecado se quema fuera del campamento, Jesús fue asesinado fuera de la puerta de Jerusalén, en el Gólgota. Como nos ha recordado repetidamente a lo largo de la carta, nuestro predicador nos insta a mirar a Jesús cuando sufrimos oposición: "Por lo tanto, salgamos a su encuentro fuera del campamento, llevando la deshonra que él llevó". Es mucho mejor soportar la desgracia por causa de Cristo que comprometer nuestra convicción, ya sea con el mundo o incluso con aquellos dentro de la iglesia que no están siendo fieles al evangelio. Necesitamos que se nos recuerde que en este mundo no hay ciudad permanente, "sino que buscamos la ciudad venidera". Muchos tratarán de basar su cristianismo en reglas humanas. Otros volverán a caer en religiosidad en lugar de ser como Cristo. Posiblemente, además, no valoren los ejemplos de verdaderas vidas cristianas sacrificadas. Incluso pueden oponerse a nosotros porque nuestro ejemplo los hace quedar mal. La pura verdad es que esto puede ser muy difícil, porque todos queremos caer bien a los demás. Sin embargo, ser como Cristo no siempre hará que uno sea popular. ¿Qué debemos hacer? Debemos ir a Cristo, fuera del campamento, si es necesario llevando la deshonra que él llevó, porque estamos poniendo nuestra esperanza en la ciudad eterna, que ha de venir.

Hebreos 13:15-16 es el resumen que hace nuestro autor sobre esta sección. En todas estas cosas, ya sea en nuestras relaciones unos con otros, ya sea que estemos sirviendo a los que están dentro o fuera de la iglesia, ya sea que estemos resistiendo la tentación, negándonos a los placeres del mundo o experimentando oposición, incluso en la iglesia, la clave para nosotros es dar alabanza a Dios. Este "sacrificio de alabanza" es probablemente una referencia al sacrificio de comunión, que se describe en Levítico 7:11-15. El sacrificio de comunión "se ofrece en acción de gracias". En Romanos 15:16 Pablo nos recuerda que Dios le ha dado la gracia "para ser ministro de Cristo Jesús a los gentiles" y continúa diciendo: "Yo tengo el deber sacerdotal de proclamar el evangelio de Dios, a fin de que los gentiles lleguen a ser una ofrenda aceptable a Dios, santificada por el Espíritu Santo". Gracias a nuestro sumo sacerdote Jesús, ya no necesitamos hacer sacrificios por el pecado. Amén por eso, pero podemos y debemos seguir dedicando ofrendas de olor grato a Dios, haciendo el bien y compartiendo con los demás, "porque esos son los sacrificios que agradan a Dios".

La última pequeña sección de Hebreos es la más íntima del libro. Es una nota personal entre el autor y sus hermanos y hermanas más cercanos en la fe.

Oren por nosotros, porque estamos seguros de tener la conciencia tranquila y queremos portarnos honradamente en todo. Les ruego encarecidamente que oren para que cuanto antes se me permita estar de nuevo con ustedes.

El Dios que da la paz levantó de entre los muertos al gran Pastor de las ovejas, a nuestro Señor Jesús, por la sangre del pacto eterno. Que él los capacite en todo lo bueno para hacer su voluntad. Y que, por medio de Jesucristo, Dios cumpla en nosotros lo que le agrada. A él sea la gloria por los siglos de los siglos. Amén.

Hermanos, les ruego que reciban bien estas palabras de exhortación, ya que les he escrito brevemente.

Quiero que sepan que nuestro hermano Timoteo ha sido puesto en libertad. Si llega pronto, iré con él a verlos.

Saluden a todos sus dirigentes y a todos los santos. Los de Italia les mandan saludos.

Que la gracia sea con todos ustedes. (Hebreos 13:18-25)

De esta sección aprendemos que el escritor de la carta conoce personalmente a aquellos a quienes les está escribiendo. Como amigo, les está pidiendo que oren por él, particularmente para que pueda visitarlos pronto. Luego agrega a la carta un final formal, que los eruditos llaman bendición, una invocación a la bendición divina sobre ellos. Les recuerda, por última vez, que consideren a Jesús, el gran Pastor y Dios que los capacitará para hacer su voluntad. Luego incluye una posdata personal que les informa que Timoteo, muy probablemente el compañero de fe de Pablo, ha sido liberado y, con suerte, irá a visitar a aquellos a quienes se dirigió la carta.

Esperamos que tú también hayas podido soportar nuestra palabra de exhortación, ¡aunque no estamos tan seguros de poder llamarla breve! Nuestra intención ha sido la misma del escritor de Hebreos: que puedas recibir aliento en tu fe. Hermanos y hermanas, fijemos la mirada en Jesús, el principio, medio y fin de nuestra fe. Puedes hacerlo. Lo lograrás si tomas en serio estas exhortaciones. Dios tiene una ciudad preparada para ti. Si seguimos caminando por fe, nos ponemos anteojeras espirituales para no distraernos en ver las cosas del mundo y mantenemos nuestros ojos fijos en Jesús, todos caminaremos juntos en ese camino celestial a esa ciudad celestial, directo a los brazos que nos esperan de nuestro Señor y Salvador Jesucristo.

Theatron Press

Una marca de
Illumination Publishers
www.ipibooks.com

www.ingramcontent.com/pod-product-compliance
Lightning Source LLC
Chambersburg PA
CBHW021633120626
46545CB00002B/525